하나님의 하루

나를 통해 하나님이 드러나시는 하루

하나님의 하루

God's day revealed through me

손기철

규장

당신을 하나님의 하루로 초대합니다

하나님께서는 세상을 사랑하사 예수 그리스도를 이 땅에 보내주시어 믿는 자에게 영생을 얻게 하셨고, 우리를 통하여 세상을 구원하기 원하셨습니다(요 3:16,17 참조).

그러나 안타깝게도 이 땅에 수많은 교회와 성도들이 있음에도 불구하고 변화되지 않는 세상을 보게 됩니다. 우리는 땅 아래 있는 자들과 땅에 있는 자들과 하늘에 있는 모든 자들의 무릎을 꿇게 한 예수 그리스도 안에 거하며, 그분의 이름을 마음껏 사용할 수 있음에도 불구하고, 왜 이 사회를 변화시키기는커녕 자기 자신도 변화시키지 못할까요?

첫째로 신앙생활과 삶이 일치되지 않고 있기 때문입니다. 이 말은 교회 안에서 갖는 세계관과 세상에서의 세계관이 서로 달라 말씀이 우리의 실제 삶에 경험되지 않고 있다는 것입니다.

많은 성도들이 예수 그리스도 안에서 성령님을 통하여 하나님과 생명의 관계를 누리며 살기보다는 단지 종교 활동에 만족하거나 아니면 반대로 그런 삶에 식상해하고 있습니다. 실제로 '가나안 성도'(하나님을 믿지만 교회에 '안 나가'는 성도)가 백만이 넘는다는 사실에서도 이 같은 현실을 엿볼 수 있습니다.

복음적 가치, 즉 말씀의 실체가 내 일상의 삶에서 나타나지 않는다면 그것은 복음이라고 말할 수 없습니다. 더욱이 자신도 누리지 못하는 은혜의 복음을 누구에게 전할 수 있겠습니까? 말씀은 일상의 삶에서 그 실체가 나타나야 하고, 그것은 오직 성령님을 통해서만 가능합니다. 우리는 '말씀-성령-삶'이 일치되는 삶을 살아야 합니다.

둘째로 하나님 중심적인 복음 대신 인간 중심적인 복음을 받아들이기 때문입니다.

오늘날 모든 사고의 출발은 '나'입니다. 많은 이들이 가지고 있는 대부분의 신앙관 역시 '내가' 예수 그리스도를 믿고, 죄 사함을 얻고, 구원받은 삶을 살고, 죽고 나면 천당 갈 수 있다는, 세대주의적 관점에 머물러 있습니다. 이로 인해 윤리와 도덕을 무시하는 율법폐기론적 사고방식과 종말과 예수님의 재림에만 초점을 맞춘 이단 신앙이 득세하고 있습니다. 구원받기 전의 나와 구원받은 후의 나는 엄연히 달라야 함에도 불구하고, 여전히 내가 힘써 주를 위해 살고 더 많은 것을 얻어내기 위해 애쓰고 있는 실정입니다.

복음의 핵심은 하나님의 나라, 즉 하나님의 통치입니다. 예수님이 우리에게 알려주신 복음은 하나님나라의 비밀입니다. 그런데 우리는 그 복음을 인간중심적 사고방식으로 이 세상에 적용하고 있습니다. 이제 이미 이 땅에 도래한 현재적 하나님나라에서 하나님나라의 사고방식으로 그 법을 어떻게 적용하며 살아야 할지를 배워야 합니다.

셋째로 해 아래 모든 것이 다 하나님 우리 아버지의 것인 줄 모르기 때문입니다.

세상의 모든 피조세계, 즉 사람도, 시간도, 물질도, 공간도, 그리고 나 자신도 본래 하나님 아버지의 것입니다. 이제 하나님의 자녀인 우리는 예수 그리스도 안에서 새로운 피조물로서 본래 아버지의 것을 되찾고 아버지의 뜻을 이 땅에 이루는 삶을 살아야 합니다. 그 삶을 사는 자가 바로 킹덤빌더(Kingdom Builder)입니다.

매일의 삶이 이어진 것이 인생이고, 오늘 하루의 라이프 스타일이 인생을 결정합니다. 그렇기 때문에 가장 중요한 것은 '오늘 어떻게 살 것인가'입니다.

많은 성도들이 자신의 시간과 물질 또는 일로 하나님께 영광 돌리기를 원합니다. 그러나 바로 그것이 오늘 자신을 변화시키는 데 가장 큰 걸림돌이 된다는 것을 알아야 합니다. 킹덤빌더에게 '자신의 하루'란 없습니다. 오직 '하나님의 하루'만 있을 뿐입니다.

이제는 내가 아니라 자기를 부인하고 자기 십자가를 짐으로써 내 안에 계신 하나님께서 그분의 일을 행하시는 '하나님의 하루'를 살아야 합니다.

저는 그동안 이런 관점에서 제 삶을 새롭게 하고자 애써 왔으며, 2016년부터 그 생각을 페이스북(Facebook)을 통해 함께 나누었습니다. 이 책은 그 내용 중 일부를 발췌하여 담은 것입니다.

이 책은 차례대로 읽을 필요가 없으며, 목차를 보다가 마음에 감동되는 장을 읽으면 됩니다. 매일 조금씩 읽고, 기도하고, 묵상하며 적용해 나간다면 자신도 알지 못하는 사이에 하나님나라의 사고방식이 여러분의 마음을 새롭게 할 것입니다.

　여러분의 매일을 '하나님의 하루'로 초대합니다.

　지난 1년간 메시지를 페이스북에 올리는 일을 담당해준 홍수란 자매와 이 책이 출간될 수 있도록 작업에 도움을 준 주명규 팀장, 정은영 팀장, 신주연 부팀장, 한혜진 간사에게 깊은 감사를 드립니다.

종교가 아니라 생명으로,
교리가 아니라 진리로,
Semper Reformanda!

박사, HTM 대표

차 례

part 1

나를 아는 시간

나라고 믿고 있는 나는 정말 나인가요?
하나님나라에서 나는 누구입니까?
왜 나를 귀하게 여겨야 합니까?
너무 지쳤습니다 포기하면 안 될까요?

01
나라고 믿고 있는 나는
정말 나인가요?

당신 마음은 마음일 뿐 당신이 아니다

주님! 제 마음과는 달리
원치 않는 일을 하는 제 모습을 볼 때마다
제 안에 또 다른 제가 있는 것 같습니다.
도대체 제가 누구인지 모르겠습니다.

하나님께서는 인간을 그분의 형상을 따라 그 모양대로 지
으시고 하나님의 생명을 불어넣어 주셨습니다. 그렇게 인
간은 하나님의 생명에 의해 하나님의 자녀가 되었고, 주의
영광을 드러내는 존재였습니다. 그러나 죄를 짓고 타락한
후에 하나님의 영광이 떠나, 하나님을 드러내는 영적 존재
에서 스스로 인식하고 만족을 누려야 하는 자존자적(自存
者的), 육적(肉的) 존재로 타락했습니다.

　하나님의 생명이 없는 인간의 마음은 늘 두렵고, 무가
치하고, 공허하고, 결핍으로 가득 차 있습니다. 그 상태가

타락한 인간의 기본입니다. 타락한 인간의 삶이란, 끊임없이 자신의 존재를 의식하는 과정일 뿐입니다. 허무하고 공허한 느낌을 지우기 위해 자신의 존재 가치를 찾아야 하기 때문입니다. 자신이 누구인지를 알기 위해 나를 창조하신 하나님께로 돌아가야 함에도 불구하고, 인간은 그 마음에서 벗어나기 위해 세상적이고 물리적인 것들을 자신과 동일시하고, 그것을 인식함으로써 그 고통에서 벗어나고자 몸부림치고 있습니다.

우리는 일하고, 사람을 만나고, 시간을 보내고, 돈을 모으고, 건강을 돌보며 자신을 지키고 유지하고 있습니다. 그리고 세상의 모든 것을 자신의 존재와 동일시하고 있습니다. 예를 들어 내 아내, 내 남편, 내 집, 내 자동차, 내 자식, 내 친구 등 어느 하나 '나'의 존재와 연결되지 않은 것이 없지요. 이것이 바로 하나님을 알지 못하는 사람들의 존재방식이며, 행위로써 자신의 존재를 의식하는 'human-doing'(행동하는 인간)의 삶의 모습입니다.

타락한 인간은 자신의 진정한 존재를 알지 못한 채, 자신의 오감으로 인식되는 모든 것을 가지고 '제한된 동일시'

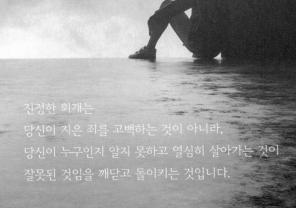

진정한 회개는
당신이 지은 죄를 고백하는 것이 아니라,
당신이 누구인지 알지 못하고 열심히 살아가는 것이
잘못된 것임을 깨닫고 돌이키는 것입니다.

를 시도합니다. '제한된 동일시'란 하나님의 영광이 떠난 후 자신의 몸이나 마음을 자기의식과 동일시하는 것을 의미합니다.

이러한 제한된 동일시를 통해 '자아'가 형성되고, 그 결과 '세상'이라는 외부와 자신을 구분합니다. 즉 오감에 의해 제한된 의식의 흐름을 '자아'(ego)라고 부르지만, 이는 '거짓자아'(성경은 이를 '겉사람'이라고 부른다)일 뿐이고 우리 마음이 만든 허상일 뿐입니다. 누군가 말한 것처럼 에고(ego)는 'edging God out'으로 본질적으로 하나님을 몰아내는 거짓 존재입니다.

성경은 거짓자아(자신의 마음의 생각과 감정을 자신이라고 믿는 자아)와 하나님의 생명에 의해 주어진 새로운 자아(새 본성, divine nature)를 비교하여 '겉사람'과 '속사람'이라고 표현합니다. 여기서 겉사람은 혼적 존재이지만, 속사람은 영적 존재입니다. 또한 성경은 구원받은 후, 즉 옛 본성이 죽고 새 본성이 주어졌음에도 불구하고 여전히 거짓자아에 끌려가는 현실적 존재를 '육신' 또는 '육체'라고 부릅니다.

안타까운 사실은 구원받은 그리스도인들 중에도 진정

한 자신이 누구인지 모른 채, 옛 본성을 지닌 세상 사람들과 다른 삶을 살아야 함에도 불구하고 여전히 육체에 속한 삶을 사는 이들이 많다는 것입니다. 우리는 자신의 존재를 의식하려는 목적으로 세상과 관계하며 자기 존재를 입증하는 삶을 멈춰야 합니다. 우리는 이미 예수 그리스도 안에서 하나님의 영광을 드러내는 새로운 피조물(속사람)입니다.

우리는 'human-doing'이 아니라 'human-being'(존재하는 인간)입니다. 나 자신이 누구인가를 나타내기 위해서 살아가는 존재가 아니라, 이미 영생을 지닌 자로서 주의 영광을 드러내기 위해 이 땅에서 새로운 현실을 창조하는 존재입니다.

당신의 거짓자아를 만족시키기 위한 모든 행동을 멈추고, 하나님 안에서 진정한 자아가 누리는 평강과 희락을 느껴보십시오. 그리고 주 안에서 안식하십시오.

너희 자신을 종으로 내주어 누구에게 순종하든지 그 순종함을 받는 자의 종이 되는 줄을 너희가 알지 못하느

냐 혹은 죄의 종으로 사망에 이르고 혹은 순종의 종으로 의에 이르느니라 **롬 6:16**

그러므로 우리가 낙심하지 아니하노니 우리의 겉사람은 낡아지나 우리의 속사람은 날로 새로워지도다 **고후 4:16**

1 "나라고 말하는 나는 정말 나인가?" 의심해보십시오. 그리고 "나는 오늘 왜 일하는가?"를 생각해보십시오.

2 매일 5분씩이라도 조용한 곳에서 주님께 "나는 어떤 존재입니까?" 질문하고 주님의 세미한 음성을 들어보십시오.

02

하나님나라에서
나는 누구입니까?

왕국(Kingdom of God)의 왕자요 공주다

성경은 제가 예수 그리스도 안에
새로운 피조물이며 하나님의 자녀라고 하지만,
지금의 제 상태를 보면 도저히 믿을 수 없습니다.
저는 정말 어떤 존재인가요?

옛날이야기를 하나 들려드리겠습니다. 한 왕이 있었습니다. 그에게는 사랑하는 아들이 하나 있었습니다. 그런데 그 아들이 어린 나이에 병으로 죽고 말았습니다. 매일 아들을 그리워하며 슬픔에 빠져 살던 왕은 한 가지 결심을 하게 됩니다.

"나의 죽은 아들과 꼭 닮은 아이를 찾아 양자로 삼아야겠다."

그래서 왕은 전국에 죽은 왕자의 초상화를 보내어 그와 닮은 아이를 찾게 했습니다. 마침내 거지들이 모여 사는 외진 마을에 왕자와 닮은 아이가 있다는 소식이 들렸습니다. 왕은 한달음에 달려갑니다. 과연 자신의 아들과 꼭 닮았습니다. 왕은 기뻐하며 갑작스레 환경이 변할 그 아이에게 왕실 생활에 대한 규칙과 행동지침이 담긴 책자를 건네주며 말합니다.

"이 책에 기록된 내용들을 읽고 연습하면서 왕자가 될 준비를 하고 있거라. 내가 곧 데리러 오마."

몇 달이 지나 왕은 아이를 찾아갑니다. 그런데 먼발치에서 아이의 행실을 보자니, 여전히 영락없는 거지입니다. 화가 난 왕이 아이를 추궁하자 아이는 이렇게 대답합니다.

"숟가락으로 밥을 먹고, 세수하려고 냇가에 나가면 제 주변 거지들이 저보고 미쳤다고 하면서 때리는 걸요."

고민하던 왕은 신하들에게 명령합니다.

"준비되지 않았어도 이 아이를 궁으로 데리고 가겠다."

아이를 궁으로 데리고 온 왕은 모든 사람에게 "이제 이 아이는 내 양자다"라고 선포했습니다.

그 아이는 왕에 의해 왕자가 되었지만, 그의 과거 습관, 태도, 행동이 변화된 것은 하나도 없었습니다. 그렇지만 그 시간 이후부터 그는 거지가 왕자가 되는 법을 배우고 실천하는 자가 아니라, 왕자가 왕자처럼 사는 법을 배우고 실천하는 자가 되었습니다.

자, 이제 이 거지 소년의 결말이 궁금하시죠? 여러분이 추측하는 그대로입니다. 아이는 왕실에서 깨끗하게 목욕하고 아름다운 옷을 입고, 왕실 법도에 맞는 행동과 규칙들을 배워 훌륭한 왕자가 되었다고 합니다.

한편으로 예수님은 하나님나라의 이야기를 돌아온 탕자에 비유하셨습니다.

또 이르시되 어떤 사람에게 두 아들이 있는데 그 둘째가 아버지에게 말하되 아버지여 재산 중에서 내게 돌아올 분 깃을 내게 주소서 하는지라 아버지가 그 살림을 각각 나눠 주었더니 그 후 며칠이 안 되어 둘째 아들이 재물을 다 모아 가지고 먼 나라에 가 거기서 허랑방탕하여 그 재산을 낭비하더니 다 없앤 후 그 나라에 크게 흉년이 들어 그가 비로소 궁핍한지라 가서 그 나라 백성 중 한 사람에게 붙여 사니 그가 그를 들로 보내어 돼지를 치게 하였는데 그가 돼지 먹는 쥐엄 열매로 배를 채우고자 하되 주는 자가 없는지라 이에 스스로 돌이켜 이르되 내 아버지에게는

당신이 예수 그리스도 안에 있다면
당신은 더 이상 죄인이 아니라 의인입니다.
죄를 짓지 않으려고 애쓰지 말고
하나님의 의를 이루고자 애쓰십시오.

양식이 풍족한 품꾼이 얼마나 많은가 나는 여기서 주려 죽는구나 내가 일어나 아버지께 가서 이르기를 아버지 내가 하늘과 아버지께 죄를 지었사오니 지금부터는 아버지의 아들이라 일컬음을 감당하지 못하겠나이다 나를 품꾼의 하나로 보소서 하리라 하고 이에 일어나서 아버지께로 돌아가니라 아직도 거리가 먼데 아버지가 그를 보고 측은히 여겨 달려가 목을 안고 입을 맞추니 아들이 이르되 아버지 내가 하늘과 아버지께 죄를 지었사오니 지금부터는 아버지의 아들이라 일컬음을 감당하지 못하겠나이다 하나 아버지는 종들에게 이르되 제일 좋은 옷을 내어다가 입히고 손에 가락지를 끼우고 발에 신을 신기라 그리고 살진 송아지를 끌어다가 잡으라 우리가 먹고 즐기자 이내 아들은 죽었다가 다시 살아났으며 내가 잃었다가 다시 얻었노라 하니 그들이 즐거워하더라 눅 15:11-24

이 비유에서 둘째 아들 탕자는 앞서 말씀드린 예화의 거지 소년과 같습니다. 탕자는 그 행동이나 처한 상황과 상관없이 아버지의 아들입니다. 따라서 아버지께로 돌아가기만 하면 됩니다. 이것이 바로 이 세상의 삶과 하나님나라의 삶의 차이입니다. 이 일을 알려주시고 이루신 분이 바로 예수 그리스도이십니다. 구약이 거지 어린아이가 왕자가 되기 위해서 무엇을 해야 하고 하지 말아야 하는지를 가르쳐주는 것이라면, 신약은 이미 왕자가 된 아이가 왕자로서 어떻게 말하고 행동하고 살아야 하는가에 대해서 알려주는 것입니다.

당신은 지금 거지 어린아이입니까, 아니면 왕자(공주)입니까? 당신이 지금 왕자(공주)가 된 것은 당신 때문입니까, 아니면 예수 그리스도 때문입니까? 당신은 은혜와 진리를 추구하는 자가 아니라, 이미 은혜와 진리 안에 있는 자임을 알아야 합니다. 지금의 상황이 어떨지라도, 누가 뭐래도 당신은 왕자(공주)입니다.

저 첫 언약이 무흠하였더라면 둘째 것을 요구할 일이 없었으려니와 히 8:7

율법은 모세로 말미암아 주어진 것이요 은혜와 진리는 예수 그리스도로 말미암아 온 것이라 요 1:17

1 당신은 지금 이 세상에 살고 있습니까, 아니면 이 세상에 도래한 하나님나라에서 살고 있습니까? 당신은 지금 거지입니까, 아니면 왕자(공주)입니까?

2 아침에 눈을 뜨면 "나는 거지가 아니라 왕자(공주)야!"라고 10번씩 외치고 일어나십시오. 일주일 뒤에 변화된 자신의 삶을 적어보십시오.

03
왜 나를
귀하게 여겨야 합니까?

당신은 세상을 이긴 자이기 때문이다

주님! 매일 조급해하고
염려와 걱정과 불안과 두려움 속에서
사는 제 자신이 너무 싫습니다.
다른 사람과 비교할 때면 늘 제 자신이 하찮게 여겨집니다.

하나님의 자녀가 된 것을 체험한 자와 체험하지 못한 자의
차이는 바로 '자신을 어떻게 여기는가?'에서 가장 분명하게
드러납니다. 흔히 우리가 하나님의 자녀라면 하나님이 우
리를 사랑하신 것처럼 우리도 서로 사랑해야 한다고 합니
다. 맞는 말입니다. 그러나 우리가 서로 사랑하기 위해서
는 일단 내가 어떤 존재인지부터 알아야 합니다.

　　보라 아버지께서 어떠한 사랑을 우리에게 베푸사 하나님
　　의 자녀라 일컬음을 받게 하셨는가, 우리가 그러하도다

그러므로 세상이 우리를 알지 못함은 그를 알지 못함이라
요일 3:1

하나님의 생명이 없을 때 우리는 부모와 가족으로부터, 주위 사람들로부터, 그리고 마귀로부터 내가 누구인지를 배웁니다. 그리고 그렇게 만들어진 자신을 지키고 더 많은 영향력을 미치기 위해서 스스로를 견고하게 만듭니다.

그러나 우리가 예수 그리스도로 말미암아 새로운 피조물이 될 때 비로소 성령께서 우리가 누구인지를 알려주십니다. 즉, 더 이상 세상에 의해 지어진 존재가 아니라 하나님의 영으로 인하여 하나님의 자녀인 것을 알게 하십니다. 하나님의 말할 수 없는 사랑으로 말미암아 우리가 세상에서가 아니라 하나님 안에서 얼마나 귀한 존재인지를 알게 되는 것입니다.

또한 하나님께서 우리에게 모든 것을 주시고 이 땅에 하나님 아버지를 나타내는 삶을 살라고 말씀하신 것을 알게 됩니다. 그것이 바로 누가복음 15장에 나오는 돌아온 탕자의 이야기입니다. 방탕한 둘째 아들이 아버지의 집으로 돌아왔을 때 아버지는 그 아들을 위하여 새 신발, 새 옷,

그리고 새 가락지를 끼워주셨습니다. 다시 아버지를 대표하는 자로 세웠습니다.

자기 자신을 하찮게 여긴다는 것은 아직도 다른 사람에 의해 만들어진 자아가 자기라고 믿기 때문입니다. 즉, 하나님의 자녀가 무엇인지, 어떤 의미인지 모르고 있는 것입니다.

우리는 더 이상 과거 기억에 의해 자신의 정체성을 규정짓지 말아야 합니다. 과거에 어떤 부정적인 경험을 했든, 어떤 상처와 쓴 뿌리가 있든지 간에 그 모든 것은 이미 다 지나간 일입니다. 이미 다 지나간 과거를 지금 떠올려 그것에 기초한 자기를 생각하는 것은 어리석고 무지한 일입니다. 당신은 더 이상 과거의 기억에 의해 만들어진 존재가 아닙니다.

또한 우리는 미래 기억에 의해 자신의 정체성을 규정짓지 말아야 합니다. 지금 자신의 능력과 지혜, 배움과 소유, 외모에 기초한 실현 가능성으로 불확실한 미래를 생각할 때마다 두려움과 염려를 갖는 것은 자신이 누구인지 모르고 있다는 것입니다.

당신이 기억해야 할 사실은 첫 번째, 미래는 아직 오지 않았다는 것입니다. 아직 오지도 않은 미래를 왜 자신의 상상으로 두려워합니까? 아직 오지 않은 미래를 현재 마음에 끌고 와서 염려하는 것만큼 어리석은 사고방식은 없습니다. 두 번째, 미래는 내가 열어가는 것이 아니라 하나님의 지혜와 능력으로 하나님께서 열어가시는 것입니다. 아버지께서는 그것을 믿으라고 말씀하십니다.

하나님께서 나를 위해 주신 미래를 왜 우리 마음대로 생각하고 스스로 책임지려고 합니까? 물론 염려와 걱정이 없다면 그것은 거짓말일 것입니다. 그러나 아직 오지도 않은 미래에 대한 불안과 염려, 걱정의 정도가 지금 내가 얼마나 하나님을 의지하지 않는지를 나타내는 지표임을 기억하십시오.

우리는 더 이상 과거 기억이나 미래 기억으로 세상을 보지 말아야 합니다. 지금 당신이 무슨 생각을 하든지, 무엇을 느끼든지 그것은 당신의 마음일 뿐 진정한 당신은 아닙니다. 그것은 거짓자아가 만들어낸 허상일 뿐입니다. 그리스도 안에서 당신의 마음을 새롭게 하는 훈련을 하십시오.

우리는 영원히 현존하시는 그리스도 안에서 주의 말씀으로 세상을 보고, 느끼고, 그 말씀을 이루는 존재임을 기억하십시오. 그것을 알고 나면 자신이 왜 하찮게 여겨지겠습니까? 그럴 시간이 있으면 하나님의 모든 것을 은혜로 사용하고 누리지 못하는 어리석음을 탓하고, 예수님을 바라보고 기도하십시오.

자신을 귀하게 여기십시오. 나부터가 나 자신을 귀하게 여기지 않는데 누가 나를 귀하게 여겨주겠습니까?

사람이 무엇이기에 주께서 그를 생각하시며 인자가 무엇이기에 주께서 그를 돌보시나이까 그를 하나님보다 조금 못하게 하시고 영화와 존귀로 관을 씌우셨나이다
시 8:4,5

자녀들아 너희는 하나님께 속하였고 또 그들을 이기었나니 이는 너희 안에 계신 이가 세상에 있는 자보다 크심이라 요일 4:4

적용

1 자신이 하찮게 느껴진다는 것은 자신이 누구인지 알지 못한다는 증거입니다. 당신은 당신 자신을 어떻게 생각하고 있습니까?

2 어떤 상황에 직면했을 때 부정적인 생각이 든다면 자신의 상처와 쓴 뿌리, 왜곡된 믿음(과거 기억)과 염려와 걱정(미래 기억)이 있는지 점검해보십시오. 그 생각과 감정에서 벗어나십시오. 우리의 모든 의식의 출발점은 오직 예수 그리스도여야 합니다.

과거 기억과 미래 기억에서 자유할 때
비로소 그리스도 안에서 내가 누구인지,
어떤 사람인지 알게 됩니다.

04

너무 지쳤습니다
포기하면 안 될까요?

그래도 당신은 하나님의 자녀이다

주님! 너무 지쳤습니다.
얼마나, 어떻게 더 노력해야 합니까?
이쯤에서 포기하고 싶습니다.

언젠가 책에서 읽은 내용입니다. 많은 사람이 모인 세미나
에서 강사가 주머니에서 빳빳한 100달러짜리 새 지폐를 꺼
내며 말했습니다.

"이 새 돈을 갖고 싶은 분, 손들어보세요."

강사의 이상한 요청에 서로 눈치만 보다가, 쭈뼛쭈뼛 한
사람이 손을 들자 여기저기서 따라 손을 듭니다. 그러자
강사가 그 깨끗한 지폐를 마구 구기더니 또 말합니다.

"이 구겨진 돈을 갖고 싶은 분, 손들어보세요."

이젠 더 많은 사람이 손을 듭니다. 강사는 싱긋 웃더니,

그 돈을 바닥에 던지고 구두로 마구 밟아서 엉망으로 만듭니다. 이제는 헌 지폐가 되어버린 돈을 들고 역시나 강사가 말합니다.

"이 더러워진 돈을 갖고 싶은 분, 손들어보세요."

역시나 많은 사람이 손을 들었습니다.

이 일화를 한번 생각해보십시오. 100달러 지폐가 빳빳한 새 돈이든, 신발에 밟혀 더럽혀진 돈이든 100달러의 가치가 사라지는 것은 아닙니다. 단지 구겨지고 더럽혀졌을 뿐입니다. 100달러의 가치는 지금의 상태가 어떤지에 달려 있는 것이 아니라, 조폐공사에서 지폐에 찍은 100달러 자체에 있기 때문입니다.

이 비유는 저의 마음에 오랫동안 남아 있었습니다. 그리고 상황이 어떠하든 간에 항상 "그래도 너는 하나님의 자녀야"라는 내면의 소리가 올라오는 것을 듣곤 합니다.

살다보면 어려울 때도 있고, 힘들 때도 있고, 심지어는 포기하고 싶을 때도 있습니다. 그러나 그것은 내 마음의 생각과 감정일 뿐, 내 본질은 전혀 변화된 것이 없습니다. 내 본질은 나를 지으신 하나님께서 결정하는 것이지, 지금의 상황이나 처지, 남들의 평가가 결정하는 것이 아니기 때문입니다. 하나님의 자녀인 우리 모두는 그리스도 안에서 하나님의 유업을 이어받을 자이고, 이 세상에서 가장 놀랍고 귀한 왕족인 로열 킹덤 패밀리(Royal Kingdom Family)입니다.

거룩하게 하시는 이와 거룩하게 함을 입은 자들이 다 한 근원에서 난지라 그러므로 형제라 부르시기를 부끄러워하지 아니하시고 히 2:11

성경은 예수 그리스도와 그로 말미암아 구원을 받은 자들이 동일한 아버지를 두었으며, 예수님이 그들을 형제라 부르기를 부끄러워하지 않는다고 말합니다. 우리가 이 사실을 붙들 때 어떤 상황에서도 "이 또한 지나가리라"라고 선포할 수 있습니다.

제발 지금 처한 상황 때문에 자신의 본질을 포기하는 어리석은 삶을 살지 마십시오. 가장 힘들고 어려울 때 자신이 누구인지를 아는 자만이 하나님나라의 삶을 경험할 수 있습니다. 나의 가치는 내가 매기는 것도, 다른 사람이 매

내 마음은 내가 아닙니다.
그래도 나는 하나님의 자녀입니다.
누가 뭐래도 나는 하나님의 자녀입니다.
주님이 해결하셨습니다!

기는 것도, 물질이나 상황이 매기는 것도 아닙니다. 오직 우리를 지으신 하나님께서 매겨주시는 것입니다.

그분 안에서 내가 누구인지 알 때 비로소 하나님의 은혜가 주어집니다. 자신이 누구인지를 아는 자만이 '그의 나라와 의'를 구할 수 있기 때문입니다. 눈앞의 상황과 처지로 자신을 판단하지 말고, 자신이 예수 그리스도 안에 있는지, 밖에 있는지로 판단하십시오. 우리 인생은 우리에게 달려 있지 않고, 내 안에 계시는 그분께 달려 있습니다.

한 가지 꼭 확인해야 할 일이 있습니다. 당신은 지금 최선을 다하고 있다고 생각합니까? 그렇다면 바로 당신의 노력이나 열심이 부족해서 상황이 이렇게 된 것이 아니라는 것을 알아야 합니다. 열매는 당신이 생산(producing)하는 것이 아니라, 주님에 의해 맺히는(bearing) 것입니다.

예수님이 말씀하신 포도나무와 가지의 비유를 생각해보십시오. 가지는 결코 스스로 열매를 맺을 수 없습니다. 가지가 포도나무에 제대로 붙어 있을 때 비로소 열매가 맺히는 것입니다. 따라서 지금의 상황으로 당신을 판단하지 말고, 가지가 포도나무에 잘 붙어 있는지를 점검해보십시오.

지금 당신이 지나고 있는 어려운 시기는 주님을 독대하

고 그분의 위로를 받을 시기란 뜻입니다. 이는 마치 엘리야가 요단 앞 그릿 시냇가에 있을 때 하나님께서 친히 까마귀를 통해서 떡과 고기를 주며 쉬게 하신 것과 같습니다 (왕상 17:1-7 참조).

당신이 지금 받고 있는 고난은 이미 당신 안에 있는 영원한 영광에 비하면 아무것도 아닙니다. 힘든 상황을 벗어나려고 발버둥치기보다 그분을 의지하고, 그분 안에서 안식할 때 세상에서 맛볼 수 없는 하나님의 평강과 감사를 맛보게 됩니다.

우리가 잠시 받는 환난의 경한 것이 지극히 크고 영원한 영광의 중한 것을 우리에게 이루게 함이니 **고후 4:17**

1 모든 것을 포기하고 싶을 때가 있습니까? 그럴 때 자신의 마음은 포기하되 자신의 존재는 꼭 붙들어야 합니다.

2 지금 힘든 시기를 보내고 있나요? "그래도 나는 하나님의 자녀야!"라고 소리 내어 외쳐보십시오. 그리고 들려오는 세미한 주의 음성에 귀를 기울여보십시오.

part 2

마음을 새롭게 하는 시간

당신 마음의 열쇠를 누구에게 주었습니까?

잠깐, 지금 당신의 마음판에 무엇을 그리고 있습니까?

어떻게 해야 기적을 경험할 수 있나요?

내 감정을 어떻게 다스릴 수 있을까요?

05

당신 마음의 열쇠를
누구에게 주었습니까?

당신이 주인이다

주님, 오늘 하루 동안 제가 만난 무례한 사람,
자기만 아는 사람, 말을 함부로 하는 사람들 때문에
저도 화를 내고 기분이 언짢았습니다.

하나님의 자녀들은 이 세상에 영향을 받는 존재가 아니라,
이 세상을 변화시키는 존재가 되어야 합니다. 어려운 시기
일수록 하나님의 자녀들은 하나님으로부터 사랑받고 있
음을 알고 기뻐해야 합니다. 그리고 모든 일에 감사하는
마음의 태도를 보여주어 믿지 않는 자들이 우리의 태도를
보고 변화되도록 해야 합니다.

　인간은 참으로 이상해서 그렇게도 소중히 여기는 자기
마음의 결정권을 다른 사람에게 주는 경우가 허다합니다.

살다 보면 기분을 언짢게 하는 여러 부류의 사람을 만나게 됩니다. 무례한 행동을 하는 사람, 자기만 아는 사람, 말을 함부로 하는 사람 등 갖가지 사람들을 만나게 됩니다. 사실 스스로 기분이 언짢아질 때도 있지만, 대부분의 경우는 그런 사람들에 의해서 내 마음이 상하게 됩니다.

예를 들어, 공손하게 물었음에도 불구하고 쳐다보지도 않고 퉁명스럽게 대답하면 기분이 언짢아집니다. 그것은 분명 나 때문이 아니라 상대방 때문입니다. 그러나 곰곰이 생각해보면 상대방 때문에 내 감정이 상한다는 것 자체가 너무나 아이러니한 것 같습니다. 왜냐하면 내가 무시당했기 때문에 기분이 나쁜 것이지만, 실상은 내 마음이 다른 사람의 행동이나 감정에 지배받고 있는 것이기 때문입니다.

우리의 행동이나 감정이 다른 사람에 의해 결정된다면, 그것만큼 어리석은 일은 없습니다. 그럼에도 불구하고 우리는 다른 사람에 대해서만 불평하고 판단하며 삽니다.

"당신이 그렇게 했으면, 당신이 그런 식으로 말하지 않았으면, 당신이 인상 쓰지 않았으면 내가 이렇게 화를 내지 않았을 텐데…."

누구 때문에 당신의 마음이 상한다면
그 사람이 당신 마음의 열쇠를 가지고 있는 것입니다.
빨리 다시 찾아오십시오.

어제 하루를 곰곰이 생각해보십시오. 우리 감정의 대부분은 내 남편, 내 아내, 내 자녀, 내 부모, 내 친구, 내 동료와 같은 주위 사람에 의해 결정되었다는 것을 보게 됩니다.

하나님의 자녀는 하나님께서 자신의 생각이나 감정을 결정하도록 해야지, 다른 사람이 결정하게 해서는 안 됩니다. 하나님나라는 우리 마음에 있는 의와 희락(기쁨)과 평강입니다. 이것이 우리 안에 있는 하나님나라의 특징이지요. 이런 상태를 유지하게 하는 우리 마음의 열쇠는 우리 안에 계신 예수님께 있습니다. 그런데 우리는 자신도 모르는 사이에 마음의 열쇠를 다른 사람에게 넘겨주곤 합니다.

우리는 영적으로 깨어서 남에게 내 마음을 허락하지 말아야 합니다. 그 대신 어떤 상황에서도 베푸는 삶을 살아야 합니다.

흔히 베푼다고 하면 물질적인 것만 생각하는데, 베푸는 것은 단지 물질적인 것이 아니더라도 얼마든지 있습니다. 우리의 얼굴로도 얼마든지 베풀 수 있습니다. 예를 들어, 싫어하는 눈빛이 아니라 이해하는 눈빛은 눈의 베풂입니다. 싸울 듯한 말소리가 아니라 평온한 말소리는 입의 베품입니다. 우리에게는 남에게 베풀 수 있는 것들이 정말 많음에도 불구하고 제대로 사용하지 못하는 것 같습니다.

매일 깨어서 베푸는 삶을 삽시다. 우리가 정말 후회해야 할 일은 베풀지 못한 나의 태도입니다. 그동안 죄의 병기였던 우리의 육신을 이제는 의의 병기로 사용하도록 합시다.

지금 당신은 누구 때문에 기분이 언짢아 있습니까? 아니면 누구를 판단하고 비난하고 있습니까? 그럼에도 불구하고 지금 당신 안에 의와 희락과 평강이 있습니까? 없다면 다른 사람에게 넘겨준 당신 마음의 열쇠를 빨리 찾아오십시오. 다른 사람의 감정이나 행위와 상관없이 항상 기뻐하는 우리가 됩시다.

너희는 하나님의 은혜에 이르지 못하는 자가 없도록 하고 또 쓴 뿌리가 나서 괴롭게 하여 많은 사람이 이로 말미암아 더럽게 되지 않게 하며 히 12:15

우리가 다 수건을 벗은 얼굴로 거울을 보는 것같이 주의 영광을 보매 그와 같은 형상으로 변화하여 영광에서 영광에 이르니 곧 주의 영으로 말미암음이니라 고후 3:18

1 가까운 사람에게 당신이 의식하지 못하는 순간의 얼굴을 찍어달라고 해보십시오. 사진 속 표정을 보고, 그 순간 당신이 어떤 감정을 가졌는지 떠올려보십시오.

2 매일 거울을 보고 당신의 얼굴이 하나님의 영광으로 빛나고 있는 것을 믿음의 눈으로 바라보십시오. 어느 날 주변 사람들로부터 당신의 표정이 놀랍게 변했다는 칭찬을 듣게 될 것입니다.

06
잠깐, 지금 당신의 마음판에
무엇을 그리고 있습니까?

심은 대로 거둔다

늘 믿고 기도하는데
왜 현실은 계속 이 모양인 걸까요?

살다보면 우리가 원치 않은 일들이 수없이 일어납니다. 그런 일들에서 벗어나기 위해 애를 쓰고 기도를 하고 정말 별짓을 다해보지만, 뜻대로 안 될 때가 많지요. 때로는 그런 상황이 너무 지긋지긋하고 정말 해도 해도 너무하다는 생각이 들면서 하나님을 원망하고 싶을 때도 있습니다.

"도대체 저보고 어떻게 하라는 말씀이십니까?"

이렇게 외치고 싶을 때도 있지요.

현재 자신이 원하는 삶과 너무 동떨어진 삶을 살고 있다고 생각된다면, 먼저 자신이 누구인지를 알아야 합니다. 그리고 믿음이 어떻게 작동하는지를 체험해야 합니다. 이 비밀을 알 때 새로운 삶을 살 수 있습니다.

우리는 우리의 믿음으로 자신의 현실을 창조하고 그것을 경험하는 존재입니다. 예수님이 하신 말씀을 생각해보십시오.

네 믿음이 너를 구원하였느니라 눅 17:19

무엇이든지 기도하고 구하는 것은 받은 줄로 믿으라 그리하면 너희에게 그대로 되리라 막 11:24

사람이 무엇으로 심든지 그대로 거두리라 갈 6:7

심은 대로 거둔다는 것은 내가 원하는 것을 심으면 그대로 거둘 수 있다는 뜻이기도 하지만, 동시에 우리 눈앞에 펼쳐지는 어느 하나도 믿음 없이 이루어진 것이 없다는 뜻입니다. 그냥 우연히 그 일들이 생긴 게 아니라는 것입니다. 그런데 우리는 자신의 부족함이나 다른 사람 때문에, 아니면 환경이나 처지 때문에 이렇게 되었다고 생각합니다. 하지만 세상에 그런 일은 없습니다. 우리 눈앞에 일어나는 모든 일은 우리의 믿음이 만들어낸 결과일 뿐입니다. 어쩌면 잘 이해되지 않겠지만, 이것이 진리입니다.

그렇다면 도대체 왜 그렇게 내가 원하는 일은 일어나지 않고 반대로 원치 않는 일이 일어나는 걸까요? 여기에 놀라운 법칙이 숨겨져 있습니다. 바로 당신이 무슨 생각을 하든, 어떤 의도를 가지고 말하고 기도하든, 궁극적으로 당신의 마음판에 그려진 대로 수확할 뿐이라는 사실입니다. 이것이 바로 믿음의 법칙이지요. 예를 들어, 당신이 암에 걸려 정말 간절한 마음으로 이렇게 기도했다고 합시다.

"주님, 저는 정말로 위암에서 벗어나고 싶습니다. 위암을 치유 받고 싶습니다!"

이 말의 뜻은 분명히 옳지만, 당신 마음판에 그려진 그림은 무엇입니까? 온전하고 깨끗한 위인가요, 아니면 암에 걸린 위인가요? "주님, 저는 위암이 정말 싫어요"라고 할 때 당신 마음판에 그려지고 있는 것이 무엇이냐는 말입니다.

흔히 우리는 자신의 소망과 그에 따라 자신의 마음판에 그려지는 것이 동일하다고 생각하지만, 잘 생각해보면 결코 그렇지 않습니다. 당신의 의식은 깨끗하게 나은 위를 간절히 바라지만, 실상 당신의 마음판에 그려진 것은 여전히 암으로 뒤덮인 위입니다. 올바른 믿음을 갖기 위해서는 자신의 마음판에 무엇이 그려지는지를 정확히 파악해야 합니다. 그렇지 않으면 자신이 원하는 것이 아니라, 반대로 원치 않는 일을 만들게 됩니다.

하나님께서 처음 인간을 만드실 때 인간이 마음에 믿는 것을 현실에 창조하도록 만드셨습니다. 처음에는 하나님의 말씀을 믿고 그 말씀의 실체를 이 땅에 창조해내도록 하셨습니다. 그러나 인간은 타락 이후 모든 피조 세계의 근원인 하나님의 말씀 대신 눈으로 보고 듣고 느끼는 것을 마음에 그리고, 그 그린 것을 창조하고 경험하는 존재로 전락했습니다.

이제 하나님의 자녀가 된 우리는 눈에 보이고 귀에 들리고 생각나는 대로 마음에 그리는 대신, 하나님의 말씀대로 이루어진 것을 마음에 그릴 줄 알아야 합니다. 그것이 바로 '깨어 있다'는 뜻입니다. 우리는 '깨어 있음'으로 우리 마음판에 하나님이 원하시는 것을 그릴 수 있습니다. 어떤 상황이 닥치더라도 있는 그대로 받아들이지 말고, 성령님과 말씀에 기초해서 하나님의 마음을 우리의 마음판에 그리고 느끼도록 훈련해야 합니다.

우리는 환경에 제한받는 존재가 아니라 새로운 환경을 창조하는 존재입니다. 우리는 이 땅에 주의 말씀을 이루는 자입니다! 늘 깨어 있기 위하여 항상 기뻐하고, 쉬지 말고 기도하고, 범사에 감사합시다!

이제부터는 "주님, 이 상태에서 벗어나고 싶어요"라고 말하는 대신에 "주님의 말씀대로 이렇게 이루어졌습니다"라고 말하고, 그렇게 된 것을 당신 마음에 그려보십시오. 그리고 "네 믿음이 너를 구원하였느니라"라고 하신 주의 음성을 들어보십시오.

스스로 속이지 말라 하나님은 업신여김을 받지 아니하시나니 사람이 무엇으로 심든지 그대로 거두리라 갈 6:7

1 지금 당신의 상황은 어떤가요? 혹시 당신이 정말로 원하는 삶과 전혀 동떨어져 있나요?

2 그렇다면 매 순간 당신의 마음판에 그려지고 있는 것이 무엇인지 자세히 살펴보십시오. 그리고 말씀에 기초하여 하나님이 원하시는 것을 그려보십시오.

당신이 무슨 말을 하든,
무슨 생각을 하든,

당신의 의도가 무엇이든 상관없이
당신의 마음에 그려진 것이 창조의 재료가 됩니다.

07

어떻게 해야
기적을 경험할 수 있나요?

판단을 멈출 때 기적을 경험하게 된다

주님! 저도 주님의 도우심으로
제 능력 이상의 삶을 살고 싶습니다.
최선을 다해보지만 그런 일은 일어나지 않습니다.
제가 모르는 어떤 비밀이 있는 건가요?

펜싱 국가대표 박상영 선수를 아십니까? 그는 브라질 리
우데자네이루 올림픽 펜싱 남자 에페 개인 결승전에서 9대
13으로 밀리고 있었습니다. 그런데 쉬는 시간에 자신에게
최면을 걸듯 "할 수 있다, 할 수 있다, 할 수 있다"라고 중
얼거리는 모습이 중계 카메라에 포착됐고, 그 이후의 대결
에서 대역전극을 이룸으로써 온 국민에게 신선한 감동과
새 힘을 주었습니다.

지고 있던 상황에서 마지막까지 "이제는 끝이구나"라는
판단 대신 "할 수 있다!"라고 자신의 생각을 변화시킨 것입

니다. 자신의 믿음이 판단을 삼켜버린 것입니다. 그때 그는 자신의 최고의 능력을 발휘하게 되었습니다.

지금의 상황과 처지 그리고 자신의 한계를 가늠하며 무언가를 판단할 때 가장 합리적인 방법을 찾을 수는 있어도 자신에게 잠재된 최고의 능력을 나타낼 수는 없습니다. 박상영 선수는 인간이 가진 최고의 능력을 어떻게 나타내는지를 그 경기를 지켜본 모든 사람에게 보여주었습니다.

저는 그 경기 장면을 시청하면서 "하나님의 자녀인 우리는 어떻게 살아야 할까?" 다시 생각해보게 되었습니다. 우리는 항상 자신의 능력을 극대화시키기 위해 최선을 다하는 삶, 그래서 남보다 뛰어난 삶을 사는 데 초점을 맞추며 살아가고 있습니다.

하지만 하나님의 자녀는 자신이 가진 능력을 최대한 발휘하는 것에 목적을 두어서는 안 됩니다. 우리는 인간이 할 수 없는, 즉 하나님만이 하실 수 있는 능력이 나타나도록 하는 데 초점을 두어야 합니다. 자기 능력 이상의 삶을 살고자 한다면 우리 자신이 아니라, 오직 그리스도께 초점을 맞추어야 합니다. 그럴 때 우리의 판단이 아니라 예수 그리스도 안에 있는 믿음이 나타납니다.

자신을 통해서 상황을 보면 하나님이 통치하시는 세상을 지금 이 순간, 있는 그대로 보지 못합니다. 왜냐하면 첫째로, 우리는 있는 대로 믿는 것이 아니라 믿는 대로 보기 때문입니다. 비유로 말하자면, 우리가 보고 있는 세상은 마치 영사기에 의해 스크린에 투영된 영상과 같습니다. 우리는 그 영상이 실재라고 생각하지만, 사실 그 영상은 영사기에 걸린 필름을 비춰줄 뿐입니다. 우리가 세상을 보는 것도 이와 마찬가지입니다. 생각해보십시오. 필름이 바뀌면 스크린에 비춰지는 영상도 달라지듯이, 우리 마음이 바뀌면 세상도 달라지는 것입니다. 그런데 우리는 자신의 경험으로 만든 기억에 기초해서 현실을 판단하고 있습니다.

둘째로, 우리의 마음은 과거에 자신이 경험한 것에 국한된 기억과 아직 오지 않은 미래에 대한 염려와 두려움으로 만든 추론을 지금 이 시간으로 끌어들여 그것을 현실인 양바라보기 때문입니다. 사실 그것은 자신이 만들어낸 허상일 뿐입니다.

자기 능력 이상의 삶을 어떻게 살 수 있습니까? 스스로 자신과 세상을 판단하는 마음을 포기해야 합니다. 이것저 것 판단하는 그 마음을 넘어야 합니다. 오직 예수 그리스도 안에서 말씀에 기초하여, 어떤 판단도 없이 오직 믿음으로 그 상황을 바라보고 행동하는 것입니다. 그것이 바로 예수 그리스도 안에 있는 믿음입니다.

물 위를 걸은 베드로를 생각해보십시오. 예수님이 물 위를 걸어오시는 기적을 보고 모든 제자가 유령인 줄 알고 놀라 기절할 뻔했습니다. 하지만 베드로는 자신의 능력이 아닌 예수님의 능력으로 기적을 경험하기 원했습니다. 예수님은 베드로에게 물 위를 걸을 수 있는 방법에 대해 말씀하지 않았습니다. 단지 "오라"(Yes, come)고 하셨습니다. 베드로는 어떤 것도 판단하지 않은 채 배 밖으로 나와 발을 내디뎠기 때문에 물 위를 걸을 수 있었습니다.

베드로가 대답하여 이르되 주여 만일 주님이시거든 나를 명하사 물 위로 오라 하소서 하니 오라 하시니 베드로가 배에서 내려 물 위로 걸어서 예수께로 가되 마 14:28,29

이처럼 자신의 판단을 멈추고 말씀에 순종할 때 예수 그리스도 안에 있는 믿음이 나타나고, 그 결과 하나님의 능

세상 사람들은
자신의 능력을 극대화시키고자 하지만,
하나님의 자녀들은
자신의 능력 이상이 나타나도록 해야 합니다.
자신의 모든 판단을 내려놓고
주의 말씀에 의지할 때 기적을 경험하게 됩니다.

력이 나타납니다. 그러나 반대로 자신이 상황을 판단할 때 하나님의 권능은 사라지게 됩니다.

판단의 기준은 말씀이지, 당신의 생각이나 느낌이 아닙니다. 우리는 어떤 상황에서도 판단하는 마음에서 벗어나 말씀대로 그 상황을 받아들이고 행동하는 훈련을 해야 합니다.

오직 믿음으로 구하고 조금도 의심하지 말라 의심하는 자는 마치 바람에 밀려 요동하는 바다 물결 같으니 이런 사람은 무엇이든지 주께 얻기를 생각하지 말라 두 마음을 품어 모든 일에 정함이 없는 자로다 약 1:6-8

1 지금 상황에서 내가 할 수 있는 최선의 방법은 무엇이라고 생각합니까? 지금 그런 상황에서 성경은 무엇이라고 말씀합니까?

2 위 질문에 답해보시고, 하나를 택하십시오! 그리고 행하십시오.

08
내 감정을
어떻게 다스릴 수 있을까요?

성화된 감정을 가져라

주님! 제가 생각해도 저는 감정 기복이 너무 심합니다.
제 감정을 스스로 통제할 수 없어서
저 자신과 다른 사람에게 안 좋은 영향을 끼칩니다.
항상 기뻐하며 살 수는 없을까요?

감정은 우리로 하여금 의지적으로 행동하게 하는 근원이
라는 사실을 알아야 합니다. 흔히 인간이 살아 있다는 것
은 생각하기 때문이라고 말하지만, 사실은 감정이 있기 때
문입니다.

감정은 한자로 '기분'(氣分)이라고도 하는데, 이는 에너
지(氣)의 분배(分)를 의미합니다. 기분이 좋다는 것은 온
몸에 에너지의 분배가 정상적이라는 말이고, 반대로 기
분이 좋지 않다는 것은 에너지의 분배가 고르지 못하다
는 뜻입니다. 느낌 혹은 감정을 영어로 하면 'vibe' 또

는 'emotion'인데, 'vibe'는 진동(vibration)이라는 단어에서 나온 것이며, 'emotion'은 밖으로(out)와 움직이다(movere)의 합성어입니다. 결국, 감정은 일종의 진동이자 에너지의 흐름을 의미합니다.

우리는 분명 하나님의 자녀가 되었는데도 불구하고 우리의 감정이 정상적으로 작동하지 않는다는 것을 느끼고 있지 않습니까? 본래 우리는 하나님의 생명 에너지가 흐름으로 인하여 하나님의 사랑 안에서 평강과 희락을 느끼는 존재였습니다. 모든 피조 세계에 하나님의 감정을 나타내는 존재였습니다.

그런데 인간이 타락하여 하나님의 생명이 떠났고, 그 결과 우리는 더 이상 하나님의 감정을 나타내는 존재가 아니라, 자신의 결핍과 부족을 채울 때 그리고 내 주변 상황이 내 통제 안에 있을 때 긍정적인 감정(기쁨, 행복, 즐거움, 쾌감 등)을 느끼고 그렇지 못할 때는 부정적인 감정(슬픔, 절망, 불행, 우울, 두려움, 불안, 고통 등)을 느끼는 존재로 전락해버렸습니다.

이는 하나님께서 우리의 심령 안에 계심으로 우리가 본질적으로 다른 인격체가 되었지만, 우리 마음의 감정은 과거와 다를 것이 없다는 것을 말합니다.

그러므로 형제들아 우리가 빚진 자로되 육신에게 져서 육
신대로 살 것이 아니니라 너희가 육신대로 살면 반드시
죽을 것이로되 영으로써 몸의 행실을 죽이면 살리니 무릇
하나님의 영으로 인도함을 받는 사람은 곧 하나님의 아
들이라 롬 8:12-14

우리는 이미 법적으로 영적 존재이지만, 현실적으로는
여전히 육체를 따르는 삶을 삽니다. 그래서 하나님의 영에
인도함 받는 삶을 배워야 합니다. 그 삶은 바로 성령님이
우리 마음의 생각과 태도를 매 순간 새롭게 하는 것입니다
(엡 4:23 참조).

매일 마음판에 하나님의 말씀을 토대로 상상하고, 그
상상에 우리의 감정이 일치되도록 해야 합니다. 이것을 도
우시는 분이 바로 성령님이십니다. 인간은 본래 하나님의
말씀을 자신의 마음에 그린 대로 상상하여 주의 뜻을 이룰
때 경이로움과 설렘과 기쁨을 누리는 존재였습니다.

생각해보십시오! 우리 마음에 그린 주의 말씀이 이 땅에

지금 나의 감정을 통해서
하나님과 어떤 관계에 있는지를 알아야 합니다.
지금 평강과 기쁨이 없다면
주님과 올바른 관계가 아닙니다.
그때가 기도할 때입니다.

실체로 나타났을 때의 느낌을 말입니다! 이제는 스스로 자기 감정을 조정하려 애쓰는 모든 노력을 멈춥시다. 우리는 이미 영적 존재입니다. 따라서 이제는 거짓자아로 자신의 감정을 조절하고 통제하려는 시도를 하지 말고 오직 성령과 말씀에 의해서 자기 감정이 통제되도록 해야 합니다. 그리고 '내 마음은 왜 이렇게 부정적일까'라는 생각조차 하지 말아야 합니다. 왜냐하면 우리가 하나님의 자녀라면 우리의 감정은 사랑 안에서 평강과 희락이 전부이기 때문입니다.

매 순간 자신의 감정을 체크해보십시오. 부정적입니까? 그렇다면 지금 당신은 성령님의 인도함에서 벗어나 있는 것입니다. 지금 당신이 왜 그런 감정을 느낄 수밖에 없는지 체크해보십시오. 혹시 지금의 상황과 나 자신을 과거의 경험에 기초해서 설정하지는 않았습니까? 아직 오지 않은 미래를 지금 당신의 생각으로 붙들고 있기 때문은 아닙니까? 현실을 부정하고 지금 이 상태에서 벗어나고 싶은 생각 때문은 아닙니까?

당신의 내면을 이런 생각들이 사로잡고 있다면 첫째로 그것을 바꾸려 노력하지 말고, 둘째로 그 생각을 부인하고, 셋째로 자신이 예수 그리스도 안에서 이미 새로운 피조물이라는 사실을 인식하며, 넷째로 "나는 새로운 감정을 가진 존재이지 지금의 감정에 영향 받는 존재가 아니야!" 라고 큰소리로 외쳐보십시오.

당신 감정은 당신이 회복시킬 수 없습니다. 성령님이 하나님의 감정을 우리 마음에 부어주실 때 비로소 변화되는 것입니다.

> 항상 기뻐하라 쉬지 말고 기도하라 범사에 감사하라 이 것이 그리스도 예수 안에서 너희를 향하신 하나님의 뜻 이니라 **살전 5:16-18**

 적용

1 지금 당신의 감정은 어떻습니까? 기쁨과 감사가 넘치나요? 아니면 부정적인가요?

2 자신의 감정이 부정적일 때 스스로 바꾸려고 애쓰지 마십시오. 기도하고 성령님이 주시는 감정에 자신을 일치시켜 보십시오.

part 3

하나님나라의 복음을 배우라

당신은 어떤 복음을 가지고 있습니까?
위대한 사람들의 성공 비밀은 무엇인가요?
하나님나라는 어떤 곳입니까?
당신은 하나님나라의 법 안에 있습니까?
왜 매일의 삶에 변화가 없는 건가요?

09
당신은 어떤 복음을
가지고 있습니까?

'내가 복음'을 버리고 '주의 복음'을 받아들이라

주님! 솔직히 말씀드려서 성경의 모든 말씀이
다 믿어지지는 않습니다.
제 인생에 도움이 되긴 하지만, 마치 신화와 같은 말씀을 볼 때면
어떻게 반응해야 할지 모르겠습니다.

성경 말씀을 있는 그대로 정직하게 읽으면, 그 내용이 무협
소설이나 판타지 소설 같을 때가 있습니다. 만약 그런 느
낌이 들었다면 당신은 성경을 제대로 읽은 것입니다. 생각
해보십시오. 성경은 마귀와 천사 이야기, 도저히 믿을 수
없는 기적 이야기, 피와 맹세와 전쟁과 죽음의 이야기로 가
득 차 있습니다.

그중에서도 예수님에 관한 말씀은 단연 독보적입니다.
예수님은 말씀으로 병자를 치유하고, 귀신을 쫓아내며, 광

풍을 잠재우고, 오병이어의 기적을 일으키셨습니다. 또한 물 위를 걷기도 하셨고, 죽은 자도 살려내셨습니다. 죽으신 후에는 부활하셨고, 그 후에는 벽을 뚫고 나타나기도 하셨습니다. 그리고 하늘로 올라가시기 전에 제자들에게 자신을 믿으면 너희도 그 일을 할 수 있다고 말씀하셨습니다.

> 내가 진실로 진실로 너희에게 이르노니 나를 믿는 자는 내가 하는 일을 그도 할 것이요 또한 그보다 큰 일도 하리니 이는 내가 아버지께로 감이라 요 14:12

게다가 지금은 그분이 하늘에 계시다고 합니다. 당신이 '정상'이라면 이런 이야기로 가득한 성경을 그냥 받아들일 수 있겠습니까? 이해하지 못하고 받아들일 수 없는 것이 당연합니다.

그럼에도 불구하고 이런 이야기로 가득한 성경을 믿고 신앙생활을 하는 당신은 누구입니까? 지금 제정신입니까? 혹시 정신적으로 조금 문제가 있는 것은 아닌가요? 당신이 만약 세상 기준으로 봤을 때 정상이고 이성적인 사람이라면 결코 기독교를 받아들일 수 없을 것입니다.

FAITH

성경의 말씀은
'내가 복음'을 이루기 위해 주신 것이 아니라,
하나님의 자녀인 우리를 통해서
'주의 복음'을 이루기 위해 주신 것입니다.

당신이 예수 그리스도를 믿고 신앙생활을 하고 있다면, 그것은 둘 중의 하나입니다. 당신이 정상이 아니거나, 아니면 당신 스스로 결정한 것이 아니라는 것입니다.

이성으로 이해가 되지 않지만 믿는 것이 바로 기독교입니다. 그것이 바로 하나님의 은혜이고 역사입니다. 당신 마음으로 이해할 수 없고 심지어 의구심이 들지라도, 예수 그리스도와 주의 말씀을 받아들인 것은 당신 때문이 아니라 성령 하나님 때문이라는 것을 알아야 합니다.

우리가 복음을 들을 때 성령께서 우리의 영에 찾아오셔서 죄에 대해서, 의에 대해서, 심판에 대해서 조명해주셨기 때문입니다. 그래서 성경이 우리의 혼으로는 이해할 수 없고 다 알 수 없는 것들로 가득 채워져 있음에도 불구하고, 우리가 말씀을 믿게 되는 것입니다.

그(진리의 성령)가 와서 죄에 대하여, 의에 대하여, 심판에 대하여 세상을 책망하시리라 요 16:8

그러나 진리의 성령이 오시면 그가 너희를 모든 진리 가운데로 인도하시리니 그가 스스로 말하지 않고 오직 들은

것을 말하며 장래 일을 너희에게 알리시리라 그가 내 영광
을 나타내리니 내 것을 가지고 너희에게 알리시겠음이라
요 16:13,14

말씀은 이해의 대상이 아니라 마음을 새롭게 하는 진리
이자 하나님의 생명 그 자체입니다. 이미 영적으로는 구원
을 얻었지만 여전히 동일한 마음으로 살아가는 내가 모
든 말씀을 다 받아들일 수 없고 이해할 수 없는 것은 당연
합니다. 그러니 이제는 내 생각으로 주의 말씀을 판단하지
마십시오. 세상의 초등학문으로 이해되는 것만을 믿고, 그
렇지 못한 것은 이상한 신학으로 치부하거나 부정하는 태
도를 버려야 합니다.

누가 철학과 헛된 속임수로 너희를 사로잡을까 주의하라
이것은 사람의 전통과 세상의 초등학문을 따름이요 그리
스도를 따름이 아니니라 골 2:8

많은 그리스도인들이 마태, 마가, 누가, 요한 사복음서
에서 자신의 필요와 믿음에 따라 취하여 자기 방식대로 꾸

민 제오복음서인 '내가 복음'을 가지고 신앙생활을 하고 있습니다. 우리는 모든 생각과 감정을 사로잡아 예수 그리스도께 복종시키고, '내가 복음' 대신에 일점일획도 틀림없는 '주의 복음'을 받아들여야 합니다(마 5:18 참조).

이 일을 위해 예수님은 '그리스도 안에 있는 믿음'을 우리에게 주셨습니다. 신화나 판타지 소설 같은 성경의 말씀은 실제이며, 그것을 그리스도 안에 있는 믿음으로 받아들일 줄 알아야 합니다.

그 믿음으로 나아갈 때 우리는 주의 말씀을 믿는 자가 아니라 주의 말씀을 이루는 자로 살아갈 수 있습니다. 당신도 얼마든지 기적을 경험할 수 있습니다.

또 어려서부터 성경을 알았나니 성경은 능히 너로 하여금 그리스도 예수 안에 있는 믿음으로 말미암아 구원에 이르는 지혜가 있게 하느니라 모든 성경은 하나님의 감동으로 된 것으로 교훈과 책망과 바르게 함과 의로 교육하기에 유익하니 이는 하나님의 사람으로 온전하게 하며 모든 선한 일을 행할 능력을 갖추게 하려 함이라

딤후 3:15-17

1 당신도 기적을 경험하고 싶지 않습니까? 그렇다면 당신의 생각과 판단을 부정해보십시오. 그것이 바로 예수 그리스도 안에 있는 믿음입니다.

2 성경 말씀을 '당신의 믿음'으로 보지 말고 '예수 그리스도 안에 있는 믿음'으로 보십시오.

10

위대한 사람들의
성공 비밀은 무엇인가요?

믿음의 법칙이다

주님! 솔직히 말씀드려서 억울합니다.
믿지 않는 사람들은 저렇게 잘되는데,
열심히 믿는 저는 왜 이렇습니까?
천국 가서 다 잘되는 것인가요,
아니면 제 신앙에 문제가 있는 것인가요?

해 아래 새로운 것은 없습니다. 하나님께서는 천지만물을
창조하실 때 모든 법칙도 만드셨습니다. 과학의 발전에 힘
입어 인간은 아직도 알려지지 않은 법칙들을 찾아내고 있
습니다.

> 일을 숨기는 것은 하나님의 영화요 일을 살피는 것은 왕
> 의 영화니라 잠 25:2

하나님이 지으신 법칙 중에 가장 놀라운 법칙은 바로 '믿음의 법칙'입니다. 태양이 믿는 자든 믿지 않는 자든 모든 사람에게 비취는 것처럼, 믿음의 법칙도 모든 사람에게 적용됩니다. 문제는 그 법칙을 어떻게 사용하느냐에 따라 전혀 다른 삶을 살게 된다는 점입니다.

즉, 그의 나라와 의를 구하는 삶을 살든지 아니면 자기의 나라와 의를 구하는 삶을 살든지, 하나님의 아름다운 덕을 선전하든지 아니면 자신의 아름다움을 선전하든지, 하나님나라의 킹덤빌더(Kingdom Builder)가 되든지 아니면 세상에서 성공한 사람이 되든지 말입니다.

세상 사람들은 하나님의 말씀을 배우는 대신에, 자신이 원하는 것을 이루기 위해 믿음의 법칙(절대 긍정, 잠재의식의 힘, 끌어당김의 법칙 등)을 사용하여 성공과 복을 누리는 데 최선을 다하고 있습니다. 반면에 하나님의 자녀인 우리는 믿음의 법칙을 삶에서 실제로 경험하기보다는 하나님의 말씀을 배우는 데만 최선을 다합니다.

말씀을 공부하고 그 말씀을 묵상하지만, 그 말씀이 내 삶에서 풀어지지 못한다면 무슨 소용이 있겠습니까? 우리가 말씀이신 예수 그리스도를 믿지만, 그 예수 그리스도께서 우리의 삶에 나타나시지 않는다면 무슨 의미가 있겠습니까? 자신도 누리지 못하는 하나님 법의 은혜를 대체 누구에게 누리라고 말할 수 있겠습니까?

그런데 우리는 세상 사람들이 자기 욕심을 이루기 위해 하나님이 만드신 법을 사용하는 것을 보고 비난만 합니다. 그들을 비난하기 전에 그들처럼 자기 욕심을 위해서가 아니라 하나님의 뜻을 이루기 위해 "그 법은 이렇게 사용하는 거야"라고 보여주어야 하지 않겠습니까? 하나님 아버지께서 우리에게 사용하라고 주신 그 믿음의 법칙을 우리는 사용하지도 않으면서, 마귀의 자식들이 자기 욕심을 이루기 위해서 그 법을 사용하는 것을 비난만 하고 있다는 것이 말이 됩니까?

더욱 안타까운 사실은 하나님의 자녀들이 믿음의 법칙을 사용하면 칭찬은 못 해줄지언정 같은 그리스도인끼리 세상 사람들이 사용하는 방식이라고 손가락질한다는 것입니다.

우리가 정말 깨달아야 할 것은 하나님이 모든 사람에게 주신 법이 문제가 아니라, 어떤 마음으로 그 법을 사용하는가가 문제란 사실입니다. 하나님의 자녀는 주의 말씀을 이 땅에 이루기 위해서 믿음의 법칙을 사용해야 합니다.

세상에는 긍정적 사고방식, 잠재의식의 힘, 끌어당김의 법칙 등 하나님이 창조하신 믿음의 법칙을 이용하는 수많은 아류가 있습니다. 그들은 하나님의 말씀을 이 땅에 나타내기 위한 목적으로 믿음의 법칙을 사용하는 것이 아니라, 자신의 욕망을 채우기 위한 수단으로 씁니다. 그럼에도 불구하고 그들이 잘되고 성공하는 이유는 두 가지입니다.

첫째로 효과가 있기 때문입니다. 물론 하나님이 만드신 법칙이기 때문에 당연합니다. 그러나 그 법을 이용해 자신의 욕망을 채울 수는 있어도 거기엔 죄 사함과 영생이 없습니다.

둘째로 그동안 하나님의 자녀들이 진짜가 무엇인지를 보여주지 못했기 때문입니다.

믿지 않는 자들이 잘되는 것을 불평하기 전에 우리가 하나님나라를 위해서 주의 말씀을 이 땅에 이루는 삶을 경험하며 삽시다. 말씀을 내 경험으로 판단하지 말고, 그 말씀이 내 마음을 새롭게 할 때까지 적용해봅시다. 기적을 경험할 때까지 말입니다.

하나님께서 기적을 베풀어주시지 않는다고 말하기 전에
기적을 누릴 수 있는 자리에 있는지 매일 확인하는 삶을 사십시오.
그 자리가 바로 믿음의 자리입니다.

그러므로 내가 너희에게 말하노니 무엇이든지 기도하고 구하는 것은 받은 줄로 믿으라 그리하면 너희에게 그대로 되리라 막 11:24

적용

1 하나님이 창조하신 법칙 중 세상에서 성공하는 사람들이 가장 많이 사용하는 법칙이 바로 '믿음의 법칙'입니다. 당신은 지금 어떤 믿음의 법칙을 사용하고 있습니까?

2 말씀대로 어떻게, 왜, 언제 이루어지는지에 관심을 가지지 말고, 말씀대로 이미 이루어진 것을 마음에 심으십시오. 심은 대로 거두는 것이 불변의 법칙입니다.

11
하나님나라는
어떤 곳입니까?

평강과 희락을 누리는 곳이다

주님! 하나님나라는 어떤 곳일까 늘 궁금합니다.
육신의 삶이 끝나면 경험할 수 있겠지만,
이 땅에서 지금 미리 맛볼 수는 없을까요?
너무 궁금합니다.

모든 그리스도인이 궁금해하는 것이 바로 하나님께서 예
수님을 통해 우리에게 말씀하신 하나님나라의 삶일 것입니
다. 그런데 많은 경우 하나님나라를 잘못 이해하여, 죽고
난 다음에 가는 천당이라고 생각합니다. 비록 지금 삶은
고통스럽고 힘들지만 참고 인내하고 좀 더 거룩하게 살면
죽고 난 다음에는 영원히 천국의 삶을 살 수 있게 될 것이라
고 막연히 생각하는 것입니다.

그러나 우리가 분명히 알아야 할 사실은 지금 여기서 천
국의 삶을 맛보지 못한 사람은 결코 천국에 가고 싶어 하

지 않는다는 것입니다.

저는 그동안 많은 사람의 치유를 위해 기도해왔습니다. 대부분 신앙이 좋은 사람들이었습니다. 그중에는 이 땅에서 주님을 위해 선한 일을 많이 한 분들도 있습니다. 그런데 놀라운 것은 천국이 이 땅보다 훨씬 더 나은 곳이라고 믿는다던 분들 중에서 이 땅의 삶을 연장시키기 위해 온갖 애를 다 쓰는 분들도 보게 된다는 것입니다.

우리는 지금 여기에서 하나님나라를 맛보며 살 수 있습니다. 왜냐하면 예수님이 이미 이천 년 전에 하나님나라를 이 땅에 도래케 하셨고, 우리는 예수 그리스도 안에서 영생을 지닌 존재이기 때문입니다. 하나님의 나라에서 '나라'는 어떤 공간적인 영역이 아니라 하나님의 통치와 주권을 뜻합니다.

즉, 지금까지는 이 세상을 마귀가 통치했고 그 결과 인간들이 고통과 환난과 질병 가운데 살았지만, 이제 예수님을 믿는 자는 더 이상 마귀의 통치 아래 있지 않고 하나님 아버지의 통치와 영광 안에서 살게 된다는 뜻입니다. 이것이 바로 하나님나라의 복음입니다.

더욱 놀라운 사실은 하나님나라는 바로 우리 안에 있다는 것입니다(눅 17:21 참조). 그렇다면 우리 안에 있는 하나님나라는 어떤 상태입니까? 하나님나라를 경험한 사도 바울은 우리에게 하나님의 통치에 대해 이렇게 말하고 있습니다.

하나님의 나라는 먹는 것과 마시는 것이 아니요 오직 성령 안에 있는 의와 평강과 희락이라 롬 14:17

하나님나라는 우리 육신의 기쁨에 있는 것이 아니라, 성령 안에서 하나님과 올바른 관계를 가짐으로써 누리는 평강과 기쁨입니다. 할렐루야! 평강과 기쁨은 모두 우리의 감정입니다. 하나님나라가 지금 우리 마음의 감정에 달려 있다는 것이 놀랍지 않습니까?

에너지가 충만할 때 느껴지는 감정이 희락 즉 기쁨입니다. 반대로 에너지가 소실되었을 때 느끼는 감정이 바로 평강입니다. 예수님이 이 땅에서 주님의 뜻이 이루어질 때마다 우리에게 기쁨이 넘칠 것이고, 세상이 알 수도 줄 수도 없는 평강을 주겠다고 말씀하신 것이 기억나십니까? 그러나 이 기쁨과 평강은 내가 이 세상에서 의도적으로 만들어낼 수 있는 것이 아닙니다. 오직 성령 안에서 하나님의 사랑 가운데 주어지는 것입니다.

당신의 지금 감정은 어떤지 한번 느껴보십시오. 지금 당신이 느끼는 감정은 부정적입니까, 긍정적입니까? 당신은 지금 하나님과 의의 관계를 유지하고 있습니까? 성령의 임재 의식 가운데 있습니까?

우리가 지금 하나님나라 안에 있는지, 밖에 있는지를 어떻게 알 수 있습니까? 그것은 어렵지 않습니다. 지금 당신의 마음이 스스로 만든 기쁨과 평강을 누리고 있는지, 아니면 지금의 처지와 상황 그리고 외부의 환경과 상관없이 기쁨과 평강이 흘러나오고 있는지를 확인하면 됩니다.

우리는 지금까지 모든 것이 내 뜻대로 될 때 느끼는 육신적인 기쁨과 평강만이 전부라고 생각하고 그것을 위해 살아왔습니다. 이제 우리 주위의 환경이나 현실과 관계없이 주님의 생명으로부터 흘러나오는 평강과 희락을 느껴보십시오.

하나님나라가 없는 것이 아니라 우리가 누리지 못하고

있는 것뿐입니다. 왜입니까? 먹고 마시는 데 정신이 없기 때문입니다.

하나님의 나라는 먹는 것과 마시는 것이 아니요 오직 성령 안에 있는 의와 평강과 희락이라 롬 14:17

1 '지금 여기'에 머물기보다 빨리 천국에 가고 싶다는 생각을 하나요? 진심인지 깊이 생각해보세요.

2 막상 때가 되면 천국에 가는 것보다 이 땅의 삶을 붙잡고 싶어집니다. 지금부터 이미 당신 안에 있는 하나님나라의 삶을 이 땅에서 경험해보십시오. 그럴 때 진정한 영생의 소망이 생깁니다.

하나님나라는
예수 그리스도 안에서
성령님을 통하여
하나님 아버지께서 주시는
기쁨과 평강을 누리며
주님의 임재 가운데 거하는 것입니다.

12
당신은 하나님나라의
법 안에 있습니까?

그렇다면 당신은 법 집행자이다

주님! 신앙생활을 하면 할수록
하지 말아야 할 일들이 늘어나고 있습니다.
자유를 더 누리려고 믿기 시작했는데
속박만 더 커지고 있습니다.
솔직히 이런 신앙생활에서 벗어나고 싶습니다.

하나님께서는 인간이 죄를 짓고 타락한 후, 하나님과의 관
계를 떠나 스스로 살며 하나님의 법을 알지 못하고 계속
죄짓는 것을 보시고는 안타까워하셨습니다. 그래서 구약
시대에는 자녀들에게 하나님의 법이 무엇인지를 알려주셨
습니다. 모세라는 중보자를 통해서 주신 율법이 바로 그
역할을 했는데, 율법은 죄가 무엇인지를 알게 할 뿐만 아니
라 하나님의 법에 대해 알려주었습니다.

　구약 시대에는 인간이 하나님의 법(영광) 밖에 존재했기

때문에, 주의 법 안으로 들어가기 위해서 주의 말씀을 지키고 행해야 했습니다. 하나님의 법 바깥은 마귀의 세력이 있는 곳으로 죄와 죄악으로 가득 차 모든 사람이 죄 가운데 살았기 때문에, 그곳에서 벗어나 하나님의 법 안으로 들어가게 하기 위해서 하나님께서는 주로 우리에게 하지 말아야 할 것을 알려주셨습니다.

네가 만일 네 하나님 여호와의 말씀을 순종하지 아니하여 내가 오늘 네게 명령하는 그의 모든 명령과 규례를 지켜 행하지 아니하면 이 모든 저주가 네게 임하며 네게 이를 것이니 네가 성읍에서도 저주를 받으며 들에서도 저주를 받을 것이요 또 네 광주리와 떡 반죽 그릇이 저주를 받을 것이요 네 몸의 소생과 네 토지의 소산과 네 소와 양의 새끼가 저주를 받을 것이며 네가 들어와도 저주를 받고 나가도 저주를 받으리라 신 28:15-19

십계명을 생각해보십시오. 제4계명인 "안식일을 기억하여 거룩하게 지키라"와 제5계명인 "네 부모를 공경하라" 외에는 모든 계명이 "하지 말라"로 끝납니다. 왜냐하면 인간이 하나님의 법 밖에 있고 그곳에서 그렇게 살면 안 되기 때문이었습니다.

그런데 마침내 때가 되어 예수님이 이 땅에 오셔서 하나님나라의 복음을 선포하셨고, 모든 사람이 그리로 침노하기를 원하셨습니다. 이것이 'Good news', 복음입니다! 좋은 소식은 바로 하나님의 은혜로 우리로 하여금 하나님의 법 안에 거하게 하신 것이지요. 할렐루야!

여호와의 말씀이니라 보라 날이 이르리니 내가 이스라엘 집과 유다 집에 새 언약을 맺으리라 이 언약은 내가 그들의 조상들의 손을 잡고 애굽 땅에서 인도하여 내던 날에 맺은 것과 같지 아니할 것은 내가 그들의 남편이 되었어도 그들이 내 언약을 깨뜨렸음이라 여호와의 말씀이니라 그러나 그날 후에 내가 이스라엘 집과 맺을 언약은 이러하니 곧 내가 나의 법을 그들의 속에 두며 그들의 마음에 기록하여 나는 그들의 하나님이 되고 그들은 내 백성이 될 것이라 여호와의 말씀이니라 렘 31:31-33

이 일을 바로 예수님이 이루셨습니다.

그리스도께서 우리를 위하여 저주를 받은 바 되사 율법의 저주에서 우리를 속량하셨으니 기록된 바 나무에 달린 자마다 저주 아래에 있는 자라 하였음이라 갈 3:13

또 주께서 이르시되 그날 후에 내가 이스라엘 집과 맺을 언약은 이것이니 내 법을 그들의 생각에 두고 그들의 마음에 이것을 기록하리라 나는 그들에게 하나님이 되고 그들은 내게 백성이 되리라 또 각각 자기 나라 사람과 각각 자기 형제를 가르쳐 이르기를 주를 알라 하지 아니할 것은 그들이 작은 자로부터 큰 자까지 다 나를 앎이라 내가 그들의 불의를 긍휼히 여기고 그들의 죄를 다시 기억하지 아니하리라 하셨느니라 새 언약이라 말씀하셨으매 첫 것은 낡아지게 하신 것이니 낡아지고 쇠하는 것은 없어져 가는 것이니라 히 8:10-13

지금 당신은 오직 은혜로 법(하나님의 영광) 안에 존재하고 있다는 것을 알고 있습니까? 이미 법 안에 있기 때문에 이제 우리가 해야 할 일은 마귀에게 속아 법 밖으로 나가지 않는 것입니다. 그러나 더 중요한 일은 이제 우리는 더 이상 돌판에 새겨진 법을 지키고 행하는 자가 아니라, 내 안에 있는 주의 법을 이 땅에 집행하는 자가 되었다는 것입니다.

신약에서 예수님이 가르치신 산상수훈의 말씀을 생각해 보십시오. "하지 말라"가 아니라 "하라"입니다. 왜냐하면 법 안에 살고 있기 때문에 법을 이루라고 말씀하신 것입니다. 우리에게 하나님나라가 임했기 때문에 뜻이 하늘에서 이루어진 것같이 땅에서 이루어지도록 하라는 말씀을 주신 것입니다!

지금 우리의 마음판에 하나님의 말씀을 심고, 우리를 통해 그 말씀대로 이 땅에 창조의 역사를 이루실 하나님을 기뻐하는 것보다 더 중요한 일이 어디 있습니까? 우리는 매 순간 하나님의 자녀로서 하나님의 창조 사역에 쓰임 받고 있다는 사실을 알아야 합니다. 그럴 때 경이로움과 설렘 그리고 말할 수 없는 기쁨으로 하나님의 시간을 보낼 수 있습니다.

지금 이 순간, 이 상태에서 벗어나고자 애쓰기보다, 바로 지금 이 순간 내 마음판에 하나님의 말씀을 새기고 기뼈합시다. 그것이 바로 현실에서 벗어나 하나님나라의 삶을 사는 비밀입니다.

그러므로 너희가 그리스도와 함께 다시 살리심을 받았으면 위의 것을 찾으라 거기는 그리스도께서 하나님 우편에 앉아 계시느니라 위의 것을 생각하고 땅의 것을 생각하지 말라 이는 너희가 죽었고 너희 생명이 그리스도와 함께 하나님 안에 감추어졌음이라 골 3:1-3

1 당신이 법 안에 거할 수 있는 이유! 오직 '은혜와 진리'입니다. 나를 이미 하나님의 법 안에 거하게 하신 은혜를 생각해보십시오.

2 당신은 지금 하나님의 법 안에 있습니까, 법 밖에 있습니까? 만약 법 밖에 있다면 당신은 지금 속고 있는 것입니다. 마음을 새롭게 하십시오.

당신이 지금 하나님의 법 안에 있다면
법을 지킴으로 축복을 얻고자 하는 대신에
그 법대로 당신의 삶과 환경을 새롭게 창조하십시오.
얼마나 경이로운 일입니까?

13

왜 매일의 삶에
변화가 없는 건가요?

말씀과 성령과 삶이 일치되게 하라

주님! 저는 평일에는 직장에서 열심히 일하고,
주말이면 교회에서 하는 모든 활동과
예배에 빠지지 않는 꽤 괜찮은 크리스천입니다.
그런데 제 삶이 별로 변화된 것 같지 않습니다.
왜 그런 건가요?

우리는 그동안 진리를 추구하는 데 전념을 다해왔지만, 그
진리를 각자의 삶에 적용하는 일은 등한시해왔습니다. 그
결과 진리의 말씀이 주어졌지만, 그 말씀의 실체를 경험하
는 것은 정말 희귀한 시대가 되어버렸지요.

> 이는 젖을 먹는 자마다 어린 아이니 의의 말씀을 경험하지
> 못한 자요 히 5:13

우리가 진정으로 그리스도인의 삶을 살고 살아 계신 하나님을 세상에 알리기 위해서는 단지 말씀을 깨닫는 데만 전심을 다할 것이 아니라, 그 말씀을 통하여 말씀이신 하나님과 만나고 교제하고 그 말씀의 실체가 내 평범한 일상에 나타나도록 해야 합니다. 이것이 바로 자녀의 삶입니다.

하나님의 나라는 말에 있지 아니하고 오직 능력에 있음이라 고전 4:20

그런데 안타깝게도 많은 그리스도인이 기독교 신자로서 종교 활동은 열심히 하지만, 하나님의 자녀로서 자신의 가정과 일터에서 하나님의 영광(지혜와 능력)을 온전히 드러내지는 못하고 있습니다. 즉, 말씀을 보고 기도는 하지만 실제 일터에서 일할 때와 다른 사람과 관계할 때 그 기도에 따른 말씀의 실체가 나타나지 않는다는 것입니다. 그것은 올바른 하나님나라의 복음이라고 말할 수 없습니다. 복음은 교회 안에서의 신앙생활과 세상 삶을 분리시키는 것이 아니라, 하나 되게 하고 통일되게 하는 것입니다.

아버지께서 나를 세상에 보내신 것같이 나도 그들을 세상에 보내었고 요 17:18

너희 안에서 행하시는 이는 하나님이시니 자기의 기쁘신 뜻을 위하여 너희에게 소원을 두고 행하게 하시나니 빌 2:13

만약 이 사실을 알지 못하면, 결국 세상에서 자신의 유익을 위하여 예수를 믿음으로 하나님의 은혜를 구하고자 하는 어리석은 삶을 살게 됩니다. 이렇게 사는 근본적인 이유는 우리 안에 성령님이 계심에도 불구하고 그 성령님의 인도함을 받는 것이 무엇인지 모르고 있기 때문입니다.

만일 너희 속에 하나님의 영이 거하시면 너희가 육신에 있지 아니하고 영에 있나니 누구든지 그리스도의 영이 없으면 그리스도의 사람이 아니라 롬 8:9

무릇 하나님의 영으로 인도함을 받는 사람은 곧 하나님의 아들이라 롬 8:14

영이요 생명이신 말씀이 이 땅에 실체로 나타나기 위해서는 성령님이 함께하셔야 합니다. 이천 년 전 주님은 하나님 아버지의 말씀대로 선포하심으로 수많은 기적을 행하셨습니다. 그렇게 하실 수 있었던 이유는 성령 하나님께서 함께하셨기 때문입니다.

하나님이 나사렛 예수에게 성령과 능력을 기름 붓듯 하셨으매 그가 두루 다니시며 선한 일을 행하시고 마귀에게 눌린 모든 사람을 고치셨으니 이는 하나님이 함께 하셨음이라 행 10:38

날마다 자신의 마음을 새롭게 함으로 우리 심령 안에 계신 성령께서 우리 마음에 주의 말씀을 풀어주셔야 합니다. 그럴 때 그 말씀은 단지 진리의 말씀이 아니라 능력의 말씀, 기적을 일으키는 말씀이 되는 것입니다.

말씀은 하나님이십니다. 하나님이 경험되지 않는 삶은 단지 종교 활동일 뿐입니다. 성령님이 우리를 통치하심으로 인하여 말씀이 실체로 경험되는 삶을 삽시다. 그 일을

진정한 복음의 능력은
교회 안에서가 아니라 교회 밖에서 나타나야 합니다.
일상에서 주의 말씀이 이루어지기 위해서는
성령님의 인도함을 받아야 합니다.

위해 예수 그리스도 안에서 새로운 피조물이 된 우리는 날마다 성령 충만함을 구하는 삶을 살아야 합니다.

> 내가 너희에게서 다만 이것을 알려 하노니 너희가 성령을 받은 것이 율법의 행위로냐 혹은 듣고 믿음으로냐 너희가 이같이 어리석으냐 성령으로 시작하였다가 이제는 육체로 마치겠느냐 갈 3:2,3

 적용

1 말씀이 하나님이시라면 그 말씀은 당신의 삶에서 체험되어야 합니다. 말씀이 당신의 삶에서 체험되고 있나요?

2 그 일을 위해서 오늘도 성령님을 초청해보십시오. "성령님, 제 마음을 통치하시고 주의 뜻을 이루소서!"라고 기도해보십시오.

part 4

올바른 기도를 드려라

왜 기도해도 응답받지 못하는 거죠?

하나님의 자녀는 어떤 기도를 해야 합니까?

매일 기도하지 않으면 어떻게 되나요?

언제까지 회개해야 합니까?

14
왜 기도해도
응답받지 못하는 거죠?

기도하기 전에 주님과 올바른 관계를 가져라

주님, 이렇게 끈질기게 간절히 기도하는데
왜 제 기도는 응답받지 못할까요?
무엇이 잘못된 건가요?

누구나 한 번쯤 경험해본 일일 것입니다. 어쩌면 이런 일들
이 여러 번 반복되어서 기도하기를 이미 포기한 사람도 있
을 것입니다.

저는 그동안 수많은 사람이 기도하는 것을 보았고, 그
분들과 함께 기도하기도 하고, 그 분들의 문제에 대해서
상담도 해드렸습니다. 그리고 마침내 정말 중요한 사실을
발견하게 되었습니다. 그것은 바로 "기도에 대해서 배우는
것보다 기도하는 것이 더 중요하다. 그러나 기도하는 것
보다 더 중요한 것은 기도하기 전에 하나님나라의 사고방

식으로 세상을 볼 줄 알고 하나님과 교제할 줄 알아야 한
다"는 것입니다.

대부분의 사람들은 기도를 통해 자신의 마음을 변화시
키는 것이 아니라, 신(神)에게 잘 보이려고 하거나 자신의
문제를 해결 받고자 하는 데 그칩니다. 그 이유는, 비록 의
식하지는 못할지라도 여전히 과거에 섬겼던 이방 신이나
우리나라의 전통적인 유교사상, 또는 율법적인 행위보상적
사고방식을 따라 기도하기 때문입니다.

우리가 하나님에 대해 어떤 생각들을 갖고 있는지 예를
들어봅시다.

'하나님은 우리를 용서해주셨는데 우리가 늘 죄를 지으
니 화가 나 계신다.'

'우리는 하나님을 기쁘게 해드리거나 그분의 화를 가라
앉히기 위해 부단히 헌신해야 한다.'

'하나님은 특별한 경우를 제외하고는 영혼의 죄 사함 외
의 일에는 관계하지 않으신다.'

'하나님께 무언가를 얻어내기 위해서는 끈질기게, 간절
히 기도해야 한다.'

'우리가 잘못하면 하나님은 우리의 잘못을 깨우쳐주시기 위해 벌을 주시며, 그때는 마귀가 악한 일을 행할지라도 눈감고 계신다.'

우리가 이런 생각을 가지고 기도할 때 하나님께서는 그 기도를 어떻게 받아들이실까요? 우리는 지금 예수님이 이루신 새 언약 시대에 살고 있습니다. '기도하기 전에' 우리의 마음이 새롭게 되지 않으면 올바른 기도를 할 수가 없습니다.

우리가 하나님 아버지를 제대로 알지 못하고, 올바른 자녀의 정체성을 갖지 못하고, 우리의 마음이 세상적인 사고방식으로 가득 차 있으면 아무리 열심히 기도한다 해도 하나님께선 우리의 기도를 흠향하실 수 없습니다. 따라서 그 기도에 응답하실 수도 없습니다. 안타깝지만 지금도 수많은 기도가 허공을 칠 뿐 하나님께 상달되지 못한 채 땅에 떨어지고 있고, 마귀는 그것을 가로채고 다시 우리를 통치하고 있습니다.

하나님의 생명을 갖지 못한 구약 시대 때 이스라엘 백성들이 행위보상적인 사고방식에 근거하여 기도했던 것과 달

리, 이 땅에 도래한 하나님나라에서 의롭게 된 하나님의 자
녀는 하나님 아버지께 새로운 방식과 태도로 기도할 줄 알
아야 합니다.

그를 향하여 우리가 가진 바 담대함이 이것이니 그의 뜻대
로 무엇을 구하면 들으심이라 우리가 무엇이든지 구하는
바를 들으시는 줄을 안즉 우리가 그에게 구한 그것을 얻
은 줄을 또한 아느니라 요일 5:14,15

하나님 아버지는 우리의 태도와 행동에 따라 그 마음을
달리하지 않으십니다. 왜냐하면 하나님 아버지께서는 우
리가 아니라 예수 그리스도를 통해서 우리를 보시기 때문
입니다.

하나님 아버지는 우리가 얼마나 간절히 오랫동안 기도
했느냐를 보시는 것이 아니라, 우리가 얼마나 아버지를 신
뢰하는가를 보십니다. 하나님 아버지는 우리의 기도를 듣
지 않으시는 것이 아니라, 우리가 기도한 것을 얼마나 믿
고 행동하느냐를 보시고 응답하십니다.

그러므로 내가 너희에게 말하노니 무엇이든지 기도하고 구하는 것은 받은 줄로 믿으라 그리하면 너희에게 그대로 되리라 막 11:24

너희가 내 안에 거하고 내 말이 너희 안에 거하면 무엇이든지 원하는 대로 구하라 그리하면 이루리라 요 15:7

1 당신은 기도 응답을 받기 위해서 하나님 아버지께 어떤 대가를 지불하고 있습니까?

2 만약 어떤 대가를 지불하고자 애쓴다면 당신의 기도는 응답 받지 못할 것입니다. 기도하기 전에 하나님이 어떤 분이신지 다시 알아보십시오.

기도에 대해서 배우는 것보다
기도하는 것이 더 중요합니다.
그러나 기도하는 것보다 기도하기 전에
하나님나라의 사고방식을 가지는 것이
훨씬 더 중요합니다.

15
하나님의 자녀는
어떤 기도를 해야 합니까?

너희는 이렇게 기도하라

주님! 기도하지만 중언부언하는 것 같고
제 기도에는 능력이 없는 것 같습니다.
가장 능력 있는 기도를 가르쳐주옵소서!

예수님은 하나님나라의 복음을 전하시고 자녀 된 자들이
이 땅에 주의 뜻을 이루며 살게 하기 위해 "너희는 이렇게
기도하라"라고 가르쳐주셨습니다. 그럼에도 불구하고 우
리는 '주기도문'을 '주(기도)문'처럼 외우거나 교회 안에서
예전적(例典的)으로만 사용하고 있습니다. 주기도문이 무
엇이며 왜 필요한지 생각해봅시다.

  하나님께서 천지만물을 지으시고 인간을 창조하시고
자녀 삼아주셨으며, 이 땅에 자녀를 통하여 하나님의 통치

가 임하도록 하셨습니다. 그러나 자유의지를 가진 인간은 마귀에게 속아 하나님을 거역했습니다. 그 결과 인간은 마귀의 자녀로서 이 세상에서 마귀의 통치 아래 그의 유업을 이어오게 되었습니다.

세상은 흑암의 권세 아래 있게 되었고, 인간은 공중 권세 잡은 자 아래에서 자신의 마음과 육신이 원하는 대로 살며 질병과 죽음, 분열과 전쟁, 가난과 파멸 등 갖가지 환난과 고통을 겪게 되었습니다.

인류 역사를 보면 하나님께서는 끊임없이 인간을 다시 자녀로 삼으시고, 그 자녀들을 통하여 모든 피조 세계가 하나님의 영광 가운데 거하기를 원하셨습니다.

하나님은 구약에서도 아브라함을 통해서 믿음으로, 모세를 통해서 율법으로, 이스라엘 민족을 통해서 왕권으로 하나님의 나라와 의를 이루기를 원하셨습니다. 그러나 누구도 하나님의 뜻에 순종하지 못했고 온전한 삶을 살지 못했기 때문에 하나님께서는 구약의 제사를 통하여 이스라엘 백성들의 죄를 사해주셨습니다. 그럼에도 불구하고 그들은 행위보상적인 신앙생활로 자신의 축복과 형통만을 누리고자 해왔습니다.

마침내 때가 이르러 하나님께서는 아들이신 예수님을 이 땅에 보내셔서 하나님의 통치를 선포하셨습니다. 예수님은 그분이 바로 예언된 메시아이시며 하나님의 아들이심을 믿는 자마다 죄 사함을 받고, 구원을 얻으며, 하나님의 자녀로서 영생을 누리게 된다고 말씀하셨습니다. 그리고 모든 인간으로 하여금 하나님나라로 들어가 하나님의 자녀가 되도록 하시기 위해 먼저 우리 죄를 사하시려 십자가에 죽으시고, 부활 승천하신 후에 약속하신 보혜사 성령님을 우리에게 보내주셨습니다.

그리고 그 예수 그리스도를 믿음으로 중생하여 구원받은 자들에게 예수 그리스도 안에서 하나님의 자녀로 하나님 아버지와 새로운 관계를 가지며, 본래 우리를 창조하신 뜻대로 살 수 있도록 하시기 위해서 우리에게 "너희는 이렇게 기도하라"라고 가르쳐주셨습니다. 그것이 바로 '주기도문'입니다. 앞의 내용을 생각하며 주기도문을 천천히 읽어 보십시오.

하늘에 계신 우리 아버지여
이름이 거룩히 여김을 받으시오며

나라가 임하시오며

뜻이 하늘에서 이루어진 것같이 땅에서도 이루어지이다

오늘 우리에게 일용할 양식을 주시옵고(현재)

우리가 우리에게 죄 지은 자를 사하여 준 것같이

우리 죄를 사하여 주시옵고(과거)

우리를 시험에 들게 하지 마시옵고

다만 악에서 구하시옵소서!(미래)

나라와 권세와 영광이 아버지께 영원히 있사옵나이다

마 6:9-13

주기도문은 우리 가운데 임하신 하나님의 통치 아래 약
속의 말씀을 이 땅에 이룸으로 하나님께 영광을 올려드리
기 위한 기도이며, 이를 위해 매일 주의 말씀을 먹고, 우리
가 지은 모든 죄를 사함 받고, 마귀의 공격으로부터 보호
받기 위해 드리는 기도입니다.

또 너희는 기도할 때에 외식하는 자와 같이 하지 말라
그들은 사람에게 보이려고 회당과 큰 거리 어귀에 서서
기도하기를 좋아하느니라 내가 진실로 너희에게 이르노

니 그들은 자기 상을 이미 받았느니라 너는 기도할 때에 네 골방에 들어가 문을 닫고 은밀한 중에 계신 네 아버지께 기도하라 은밀한 중에 보시는 네 아버지께서 갚으시리라 또 기도할 때에 이방인과 같이 중언부언하지 말라 그들은 말을 많이 하여야 들으실 줄 생각하느니라 그러므로 그들을 본받지 말라 구하기 전에 너희에게 있어야 할 것을 하나님 너희 아버지께서 아시느니라 그러므로 너희는 이렇게 기도하라 마 6:5-9

 적용

1 주기도문의 내용은 교회 안에 적용되는 기도입니까, 교회 밖에 적용되는 기도입니까? 생각해보십시오.

2 후자라면 매일 당신의 삶 속에서 주기도문과 같은 방식으로 기도하십시오.

마침내 이 땅에 도래한 하나님나라에서
하나님의 자녀들이 주의 뜻을 이루도록 하기 위해
주님께서 친히 가르쳐주신 기도가
바로 주기도문입니다.

16
매일 기도하지 않으면
어떻게 되나요?

마음에 잡초가 무성하게 자란다

매일 바쁜 삶을 살다보니
기도할 시간을 내지 못하고 있습니다.
정말 매일 기도해야 합니까?
기도하지 않으면 어떤 일이 일어납니까?

기도를 매일 해야 하는가, 하지 않아도 되는가에 대해서
생각해보기 전에 먼저 자신의 마음을 이해하는 것이 중요
합니다. 예수님은 마음을 밭으로 비유하셨습니다. 마음을
가꾸는 것은 마치 밭에 식물을 키우는 것과 같습니다. 이
는 정원에 있는 잔디나 밭에 있는 식물을 생각하면 쉽게 이
해가 됩니다.

봄철에 식물을 심어놓고 5,6월이 되면 식물이 가장 잘
자랄 때입니다. 밭에 식물을 키워본 사람은 식물이 잘 자
라도록 하기 위해서는 물을 주고 비료를 주는 것만으로

는 결코 충분치 않다는 것을 잘 알 것입니다. 문제는 잡초입니다. 심은 적이 없는데도 자라나는 것이 바로 잡초입니다. 아무리 물을 잘 주고 비료를 주었다 하더라도 잡초 제거를 소홀히 하면 심은 식물은 찾아보기도 힘듭니다. 심은 식물보다 잡초가 더 빨리 무성하게 자라기 때문입니다.

우리의 마음도 이와 같습니다. 우리의 영은 이미 구원을 받았지만, 우리의 잠재의식에는 여전히 악한 쓴 뿌리와 좋지 못한 습관과 잘못된 믿음들이 가득합니다. 이와 같은 잡초는 저절로 끊임없이 자라 조금만 방심하면 마음을 가득 채우게 됩니다. 반면에 우리가 심은 식물은 열심히 가꾸고 돌봐야 잘 자랄 수 있습니다. 생명의 씨앗인 말씀도 마찬가지입니다.

왜 그럴까요? 우리가 타락한 존재로 태어나 마귀의 성품을 나타내며 살았기 때문입니다.

마음에서 나오는 것은 악한 생각과 살인과 간음과 음란과 도둑질과 거짓 증언과 비방이니 마 15:19

우리는 이 비유를 통하여 왜 항상 기도해야 하며, 쉬지

좋은 씨를 심고도 매일 밭을 가꾸지 않으면
작물보다 잡초가 무성한 것처럼
말씀을 심어도 매일 마음을 가꾸지 않으면
온통 악한 생각으로 뒤덮이게 됩니다.
이것이 바로 매일 기도해야 하는 이유입니다.

말고 기도해야 하는지 알아야 합니다. 대부분의 경우, 힘들거나 어려울 때는 열심히 기도합니다. 그러나 그 문제가 해결되면 자연스럽게 감사도, 기도도 잊어버립니다. 그러면 마음에 어떤 일이 일어납니까? 자신도 눈치 채지 못하는 사이에 여기저기 잡초가 생겨나기 시작합니다. 재미있는 사실은 상황이 어렵거나 힘들 때는 마음 밭에 잡초가잘 생겨나지 않습니다. 왜냐하면 수시로 기도하기 때문입니다.

우리는 일정한 시간을 떼어놓고 기도해야 할 뿐만 아니라, 일하는 중에도 늘 주님과 교제하며 기도해야 합니다. 예수님이 공생애 사역을 하시는 동안 그렇게 하나님 아버지와 교제하셨습니다.

새벽 아직도 밝기 전에 예수께서 일어나 나가 한적한 곳으로 가사 거기서 기도하시더니 막 1:35

이때에 예수께서 기도하시러 산으로 가사 밤이 새도록 하나님께 기도하시고 눅 6:12

항상 내 말을 들으시는 줄을 내가 알았나이다 그러나 이
말씀 하옵는 것은 둘러선 무리를 위함이니 곧 아버지께서
나를 보내신 것을 그들로 믿게 하려 함이니이다 요 11:42

또한 기도에 대한 우리의 생각을 바꿔야 합니다. 기도는
하나님으로부터 무엇인가를 얻어내기 위해서 행하는 노동
과 같은 것이 아닙니다. 기도는 하나님께서 이 땅에 그분의
뜻을 이루도록 하기 위해서 우리가 우리의 통로를 열어드
리는 위대하고 거룩한 특권입니다. 왜냐하면 하나님께서
는 이 땅의 모든 다스리는 권세를 하나님의 자녀에게만 주
셨기 때문입니다. 하나님께서는 자녀를 통하지 않고서는
아무것도 하시지 않습니다. 그래서 지금도 기도하는 자녀
를 찾고 계십니다.

쉬지 말고 기도하라 살전 5:17

모든 기도와 간구를 하되 항상 성령 안에서 기도하고…
엡 6:18

1 매일 뽑아내지 않으면 더러운 생각이 자연스럽게 마음에 가득하게 됩니다. 지금 당신의 마음 밭은 어떤 상태인가요?

2 매일 하루 세 번씩 3분간 시간을 정해놓고 당신의 마음을 있는 그대로 하나님께 드려보십시오.

17
언제까지
회개해야 합니까?

하나님께서 용서하신 것을 믿어라

주님! 진심으로 저의 잘못을 깨닫고 회개했습니다.
그런데도 제 기분은 좋아지지 않고,
정말 제가 죄 사함을 받았는지 확신도 들지 않습니다.
얼마나 더 기도해야 합니까?

자신이 예수 그리스도 안에 새로운 피조물이라는 사실을
모르는 사람은 진정한 구원의 삶을 살기 어렵습니다. 왜냐
하면 그 사람에게는 옛날에 부처 믿고 절에 다니는 것이나
지금 예수 믿고 교회 다니는 것에 별 차이가 없기 때문입니
다. 절에서 교회로 바뀌었을 뿐입니다. 예수 믿고 교회를
다니지만 결국 그 삶의 주인은 여전히 자기 자신이기 때문
입니다.

자기 삶의 주인이 자신이라면 거듭남이 무엇인지도 경험
하지 못한 사람입니다. 우리가 정말 예수님 안에서 하나님

의 자녀가 되었다면, 자기 마음의 생각대로 사는 자가 아니라 주님의 말씀대로 사는 자임을 알아야 합니다. 모든 의식의 기초는 '내 생각'이 아니라 '하나님의 말씀'이어야 합니다.

우리는 흔히 잘못을 저지르고 난 후에 기도하지만, 기도한 뒤에도 동일한 생각이나 감정이 나타나면 자신의 기도가 효과가 없다고 생각하거나 잘못 기도했다고 생각합니다. 그런 사람은 자신의 감정이 제풀에 사라질 때까지 기도하거나, 그렇지 않으면 다른 더 큰 문제로 인하여 그 문제가 더 이상 내 관심의 대상이 아닐 때(즉 기억에서 잠시 밀려나 잊혀질 때) 자신이 용서받은 것으로 여깁니다.

많은 사람이 감정의 문제와 죄의 문제를 분별하지 못하고 있습니다. 기도했음에도 불구하고, 하나님께서도 기억하지 않으시는 것을 스스로 두고두고 기억하며 고통스러워하는 사람들이 너무 많습니다.

기도한 다음 중요한 것은 내 생각이나 감정이 아니라, 하나님께서 무엇을 하셨는지를 아는 것입니다. 하나님께서 용서하셨다면, 그 죄에 대한 당신의 생각이나 감정이 중요한 것이 아닙니다. 마귀는 바로 이런 사실을 알지 못하

는 성도들을 늘 미혹시키고, 다시 죄 가운데로 들어가게
만듭니다.

예수 그리스도의 이름으로 당신의 죄를 자백하고 회개
했다면 당신은 죄 사함을 받은 것입니다. 그것은 당신의
감정이나 생각과 아무런 상관이 없습니다. 당신 안에 계신
예수 그리스도로 인하여 하나님께서 행하신 일입니다. 마
귀는 늘 우리의 생각과 감정을 미혹해서 우리를 의심하게
합니다. 하지만 그것은 단지 의사전달일 뿐 더 이상 어떤
권세나 영향력을 미치지 못합니다.

> 만일 우리가 우리 죄를 자백하면 그는 미쁘시고 의로우사
> 우리 죄를 사하시며 우리를 모든 불의에서 깨끗하게 하실
> 것이요 요일 1:9

그러나 만약 우리 스스로가 이를 믿지 못하고 자신의 생
각과 감정을 붙들게 되면 그때부터 마귀는 다시 영향력을
미치게 됩니다. 다시 말해 우리가 죄를 짓고 난 다음 회개
했음에도 불구하고, 우리 마음에는 얼마든지 회개하기 전
과 동일한 생각이나 감정, 죄책감이나 정죄감이 들 수 있습

당신이 죄를 깨닫고
예수 그리스도의 이름으로 회개했다면,
당신의 생각이나 감정을 믿는 것이 아니라
하나님께서 말씀을 통해 행하신 것을 믿으십시오.

니다. 그러나 그것은 마귀가 다시 당신을 사로잡기 위해 던지는 미끼일 뿐 결코 어떤 능력이 있는 것은 아닙니다.

우리는 자기 마음의 생각이나 감정에 속지 말아야 합니다. 하나님의 말씀에 따라 우리 마음의 생각과 감정을 변화시킬 줄 알아야 합니다. 그것이 바로 하나님의 자녀만이 갖는 믿음의 특권입니다. 하나님의 자녀는 하나님께서 행하신 일을 믿는 자이지, 자신의 생각과 마음을 믿는 자가 아닙니다. 하나님 아버지께서 당신의 죄를 사하신 것을 왜 당신이 부정합니까?

불법이 사함을 받고 죄가 가리어짐을 받는 사람들은 복이 있고 주께서 그 죄를 인정하지 아니하실 사람은 복이 있도다 함과 같으니라 롬 4:7,8

1 정말 후회스러운 일을 했습니까? 지금 당장 예수 그리스도의 이름으로 회개하십시오.

2 회개했다면 당신의 감정에 붙들리지 말고 하나님께서 행하신 것을 믿으십시오. 그것이 하나님 자녀의 특권입니다.

part 5

내 삶을 새롭게 하는 시간

새로운 삶이란 무엇입니까?

어떻게 새로운 삶을 살 수 있습니까?

생명의 말씀을 어떻게 경험할 수 있습니까?

어떻게 성공한 삶을 살 수 있습니까?

주님, 이 분노를 어떻게 없앨 수 있을까요?

영적 성숙은 어떻게 이루어집니까?

18
새로운 삶이란
무엇입니까?

하나님의 생명(조에)으로 사는 것이다

'나는' 매일 새롭게 살고 싶습니다.
그러나 자리에 누워 오늘의 '나'를 돌아보니,
어제의 '나'와 똑같은 하루를 살았습니다.
어떻게 하면 '나는' 매일 새로운 삶을 살 수 있을까요?

자신의 삶에 만족하십니까? 대부분 그렇지 않을 것입니다. 그래서 많은 사람이 소망하는 것이 바로 완전히 '새로운 삶'입니다. 어떤 사람은 자신의 삶이 너무 힘들고 어려워 지금과는 완전히 다른 삶을 추구할 것이고, 또 어떤 사람은 지금의 삶에 만족하지 못하여 더 노력하여 자신이 이룰 수 있는 것보다 더 나은 삶을 추구하고자 할 것입니다.

대부분의 경우는 돈을 더 벌거나, 육신의 건강을 유지하거나, 관계를 좋게 하거나, 책을 많이 읽거나, 여행을 자주 다니거나, 새벽에 일어나거나, 잠을 줄이는 등 어떻게 하면 새로운 삶을 살 수 있을까에 초점을 맞춥니다. 그러나 새로운 삶(new living)은 새로운 생명(new life)에 의해서만 가능하다는 것을 알아야 합니다.

　세상적인 관점에서 볼 때 새로운 삶이란 지금보다 더 풍성하고, 안전하고, 행복하고, 평안한 생활이라고들 생각합니다. 그렇지만 복음적 관점에서 새로운 삶이란 예수님을 이용하여 이루는 (물론 기도와 헌신을 통해서라고 말합니다) 더 나은 삶이 아니라, 우리 안에 계시는 예수 그리스도를 더 나타내는 삶을 말합니다. 그 삶을 살 때 그리스도께서 이미 이루신 놀랍고 풍성한 은혜가 우리에게 주어집니다.

　안타깝게도 오늘날 우리는 새로운 생명에 관심을 갖기보다는 새로운 삶에 더 많은 관심을 기울이고 있습니다. 그리스도인들 중에 많은 이들이 성경을 잘못 이해하여 마치 예수 그리스도를 믿음으로 새로운 삶을 살 수 있는 것처럼 생각합니다. 그러나 새로운 삶은 새로운 생명에 따른 당연하고 자연스러운 결과이지, 새로운 생명 없는 새로운 삶은 없습니다.

　예수님의 생명은 바로 하나님 자신이시며, 그분이 바로

생명이십니다. 우리 안에 하나님의 생명이 있다는 사실을 알아야 합니다. 지금 이 시간, 하던 일을 멈추십시오. 그리고 자신이 하나님의 생명 안에서 그 '새 생명'(ζωή, 조에, 하나님의 생명)을 나타내는 존재라는 것을 인식해봅시다. 또한 '내 생명'(ψυχή, 프쉬케, 혼 또는 마음)은 날마다 포기해야 합니다. 이것이 바로 예수님이 우리에게 가르쳐주신 하나님나라의 비밀입니다.

내가 진실로 진실로 너희에게 이르노니 한 알의 밀이 땅에 떨어져 죽지 아니하면 한 알 그대로 있고 죽으면 많은 열매를 맺느니라 자기의 생명(프쉬케)을 사랑하는 자는 잃어버릴 것이요 이 세상에서 자기의 생명을 미워하는 자는 영생하도록 보전하리라 요 12:24,25

하나님의 통치를 받지 않는 내 마음을 따르는 부질없는 노력은 멈추고, 내 안에 있는 하나님의 생명이 내 마음을 통치하는 삶을 살아봅시다. 사도 바울은 성령님이 날마다 우리 마음의 생각과 태도를 새롭게 하는 것이 예수님을 나타내는 삶이라고 말했습니다.

마귀는 '나'로부터
모든 변화가 시작되기를 원하지만,
하나님께서는 '그리스도의 생명'으로부터
모든 변화가 시작되기를 원하십니다.

제발, '나는', '내가', '내 생각에는', '내 느낌에는'과 같은 내면의 목소리를 자기라고 생각하지 말고 부인해보십시오. 그럴 때 비로소 하나님 아버지께서 나를 통해 그분의 생명을 나타내시는 것을 체험할 것입니다.

그렇다면 매일의 삶에서 실제로 어떻게 하면 좋을까요?

첫째, 당신은 예수 그리스도 안에 새로운 피조물이라는 것을 믿어야 합니다. 언제나 어떤 상황에서나 당신은 영적 존재라는 것을 믿음으로 붙들어야 합니다. 이 진리가 신앙의 처음이자 끝입니다.

둘째, 그리스도 안에서 당신 마음을 부인해야 합니다. 지금 마음에 가득 찬 생각과 감정을 느끼면서도 "이것은 내 마음이지 내가 아니야" 또는 "내 마음은 내가 아니야" 라고 자신의 거짓자아를 부인하는 것입니다.

셋째, 그리스도 안에서 당신의 마음을 십자가에 못 박아야 합니다. 그것은 날마다 당신 마음을 성화시켜나가는 것입니다. 더 쉽게 말하자면 더럽고 추하고 악한 생각과 감정으로 가득 찬 마음을 정화시키는 것입니다. 그것은 당신 마음에서 올라오는 생각과 감정들을 스스로 판단하지 않고 그냥 주님께 드리는 것입니다. 그때부터 하나님의 은혜가 당신 마음에 흘러들기 시작합니다.

이에 예수께서 제자들에게 이르시되 누구든지 나를 따라
오려거든 자기를 부인하고 자기 십자가를 지고 나를 따
를 것이니라 마 16:24

 적용

1 '새로운 삶'(new living)에 앞서 당신 안에 '새로운 생
명'(new life)이 있음을 인정하십시오.

2 일생에 한 번도 의심하지 않고 믿었던 내 마음이 더 이상
내가 아니라 거짓자아임을 확신하십시오. 그리고 "이것은
내 마음이지 내가 아니야!"라고 큰소리로 외쳐보십시오.

19
어떻게 새로운 삶을
살 수 있습니까?

의지력이 아니라 상상력이다

주님! 저에게 나쁜 습관이 있습니다.
이 습관을 고쳐보려 온갖 방법을 써봤지만,
번번이 실패하고 말았습니다.
이런 제 자신이 너무 실망스럽지만
이 습관을 끊을 수가 없습니다. 도와주세요!

우리는 하루, 일주일, 한 달, 그리고 한 해를 마무리할 때
가 다가오면 자신의 삶을 돌아보며 고쳐야 할 점들을 발
견하게 됩니다. 그래서 새로운 삶을 살기 위해 계획을 세우
고 결심하게 됩니다. 그러나 불행하게도 통계적으로 볼 때
자신이 결정한 일을 지켜 행하는 사람은 6,7퍼센트 정도이
고, 대부분의 사람은 자신이 새해에 세운 계획조차 기억하
지 못한다고 합니다.

　이처럼 우리는 우리의 의지로 자신의 행동을 변화시키려

노력하지만, 결과는 늘 실패로 돌아가곤 합니다. 왜냐하면 그런 행동을 일으키는 것은 자신의 의지로 변화시킬 수 없는, 잠재의식 내의 습관이기 때문입니다. 인생은 자신이 만든 수많은 습관의 덩어리에 불과할 뿐입니다. 우리 스스로 습관을 만들었지만, 아이러니하게도 습관이 자신을 따르는 것이 아니라 자신이 습관을 따르는 삶을 살게 됩니다. 그러니 습관이 바뀌면 인생도 바뀝니다.

그렇다면 어떻게 습관을 바꿀 수 있을까요? 우리는 늘 잘못된 습관을 고치려고 수없이 노력하지만 왜 번번이 실패하고 말까요? 그렇게 애를 쓰는데 왜 습관을 변화시킬 수 없을까요?

첫 번째 원인은 너무도 높은 목표를 정해놓았는데 변화하기 위해 필요한 일을 실행하는 능력은 형편없고, 스스로 변화할 수 있다는 자신의 능력은 과대평가하고 있기 때문입니다.

두 번째 원인은 두 마리 토끼를 한꺼번에 잡기 힘들다는 사실을 잘 모르기 때문입니다. 우리의 삶은 잘못된 경험들이 가득 저장된 뇌기억과 더불어 잘못된 프로그램이 들어 있는 잠재의식의 영향을 받는데, 이 두 가지를 적절하게 통제하지 못하면 다시 옛날의 습관으로 돌아가게 됩니다.

서점에 깔려 있는 '의지'에 관한 수많은 책들이 대부분의 사람들이 자신의 습관을 변화시키기 위해 의지력을 사용한다는 것을 입증해줍니다. 그렇지만 의지만으로 자신을 변화시키는 일은 정말 요원합니다.

가장 일반적인 예는 바로 다이어트일 것입니다. 오죽하면 '오프라 윈프리 패러독스'라는 말이 만들어졌겠습니까? 오프라 윈프리 패러독스란 미국 토크쇼의 여왕으로 불리는 오프라 윈프리가 다이어트를 하기 위해 할 수 있는 모든 방법을 다 사용해 체중 조절에 성공했지만, 과로와 스트레스, 자기절제력 부족으로 요요현상을 반복하다 결국 자기관리에 실패했다고 선언한 데서 나온 말입니다.

우리의 의지력은 우리를 변화시킬 수 없음을 알아야 합니다. 의지력은 당신의 결핍과 욕구를 추구하는 과정 가운데 생긴 것으로, 그 의지력으로 만든 것이 바로 습관입니다. 따라서 자신의 의지력으로 무언가를 변화시키고자 하는 것은 자폭하는 것과 같습니다. 의지력으로 변화를 감행하고자 할 때 당신의 뇌와 잠재의식은 살해 위협을 느낍니다.

그리스도 안에 있는 하나님의 자녀는 자신의 삶을 바꾸기 위해 세상 사람들과 두 가지 면에서 달라야 합니다.

첫째, 우리는 의지력으로 자신의 삶을 바꾸는 것이 아니라, 거룩한 상상력으로 자신의 삶을 변혁시켜야 합니다. 그것은 바로 자신의 마음이 더 이상 자신이 아님을 알고 그리스도 안에서 주의 말씀을 자신의 마음에 상상함으로 하나님의 말씀에 자신의 마음을 일치시키는 것을 훈련하는 것입니다.

둘째, 타락한 마음에 이미 만들어진 자신의 습관을 변화시키거나 제거하려고 노력하는 것이 아니라, 그리스도 안에서 영적 어린아이가 되어서 마음에 새로운 그림을 그려야 합니다. 그 일을 하기 위해 필요한 것이 말씀대로 이루어진 것을 보는 상상력입니다.

이제는 더 이상 의지력으로 무엇인가를 이뤄보고자 노력하지 맙시다. 우리는 늘 '결단→헌신→우울, 결단→헌신→더 깊은 우울'의 악순환을 경험했습니다. 이미 잘못된

세상 사람들은 의지력으로
자신을 변화시키고자 하지만,
하나님의 자녀들은 상상력으로
하나님께서 우리를
변화시키도록 해야 합니다.

습관을 고치려고 애쓰지 맙시다. 본래 하나님이 주신 의지력은 자신의 잠재의식 내 프로그램 된 것을 변화시키는 데 사용되는 것이 아닙니다. 고치고 바꾸려고 애쓰면 애쓸수록 우리는 혼적, 육적 요요현상을 겪게 될 뿐입니다.

이미 형성된 습관은 그냥 두고, 예수 그리스도 안에서 하나님 아버지로부터 하나님나라의 것을 배우도록 합시다. 그것을 위해서 해야 하는 첫 단계는 바로 성령 안에서 말씀대로 이루어진 것을 상상하는 것입니다. 하나님 아버지의 마음에 있는 그림과 내 마음에 있는 그림이 일치될 때 기쁨이 오고 그 말씀대로 살고자 하는 새로운 의지력이 발동됩니다.

성령 안에서 하나님의 말씀에 따른 상상과 그 상상에 따라 주어지는 기쁨이(이미 이루어진 것이 믿어질 때 오는 기쁨) 바로 무엇인가를 하고 싶은 새로운 의지력을 발동시키고 새로운 습관을 만들게 됩니다.

너희 안에서 행하시는 이는 하나님이시니 자기의 기쁘신 뜻을 위하여 너희에게 소원을 두고 행하게 하시나니

빌 2:13

1 당신의 의지력으로 무엇을 하지 않겠다 혹은 하겠다는 결심은 버리십시오.

2 지금부터 하나님께서 주신 말씀을 통해 이루어진 것을 상상하십시오. 그 상상이 내 온 마음을 사로잡을 때 기쁨이 올라옵니다. 그때 상상한 대로 무언가를 하고 싶은 의지력이 생길 것입니다.

20
생명의 말씀을
어떻게 경험할 수 있습니까?

성령 안에서 말씀을 통해 생각하고 보아야 한다

주님! 말씀을 많이 듣고 읽지만,
그 말씀의 능력이 제게는 나타나질 않습니다.
무엇이 문제일까요?

하나님 자녀는 환경에 영향을 받는 삶이 아니라, 환경에 영
향을 주는 삶을 살아야 합니다. 우리는 환경과 처지 그리
고 상황에 따라 수많은 생각을 하지만, 대부분 우리 과거
경험과 현실에 기초한 생각들입니다. 그러나 하나님께서는
그 환경 가운데서 우리로 하여금 주의 뜻을 이루게 하기 위
해 놀랍고 기이한, 수많은 생각을 가지고 계십니다.

하나님이여 주의 생각이 내게 어찌 그리 보배로우신지요
그 수가 어찌 그리 많은지요 내가 세려고 할지라도 그 수

가 모래보다 많도소이다 내가 깰 때에도 여전히 주와 함
께 있나이다 시 139:17,18

하나님은 늘 우리와 함께하시며, 우리의 생각 대신에 하
나님의 생각을 동일하게 가지기를 원하십니다. 그 일을 행
하시는 분이 바로 성령님이십니다. 그분은 하나님의 모든
생각을 아시고, 우리로 하여금 주의 뜻대로 생각하게 만드
시는 분입니다.

마음을 살피시는 이가 성령의 생각을 아시나니 이는 성령
이 하나님의 뜻대로 성도를 위하여 간구하심이니라 롬 8:27

우리 주 예수 그리스도의 하나님, 영광의 아버지께서 지혜
와 계시의 영을 너희에게 주사 하나님을 알게 하시고 너희
마음의 눈을 밝히사 그의 부르심의 소망이 무엇이며 성도
안에서 그 기업의 영광의 풍성함이 무엇이며 그의 힘의 위
력으로 역사하심을 따라 믿는 우리에게 베푸신 능력의 지
극히 크심이 어떠한 것을 너희로 알게 하시기를 구하노라
엡 1:17-19

우리는 매일 성령 안에 거하는 삶을 훈련해야 합니다. 눈에 보이지 않지만 그분은 성령 하나님이시며 그분이 우리 안에 계시다는 것과 그분이 우리의 마음에 하나님의 마음을 부어주신다는 것을 믿어야 합니다. 그리고 항상 내 생각보다 그분의 생각에 인도함 받겠다는 의식을 가져야 합니다.

매일의 삶에서 우리의 의지력으로 우리의 판단에 따라 행동하는 것이 아니라, 성령 안에서 주님의 말씀에 따라 우리의 마음을 일치시키는 것입니다. 주의 뜻이 우리의 마음에 온전히 그려질 때, 즉 주의 생각과 우리의 생각이 일치될 때 우리는 기적을 경험하게 됩니다. 우리는 그 일을 위해서 거룩한 상상을 하는 훈련을 해야 합니다. 거룩한 상상이 바로 예언적 믿음입니다.

우리는 눈앞에 일어난 일을 우리 마음에 가득 채우고 그것에 따라 기뻐하기도 하고, 슬퍼하기도 하고, 우울해하기도 하고, 염려하기도 하지만, 그러한 삶의 패턴 대신 성령님을 통하여 주시는 주님의 수많은 놀랍고 기이한 생각을 우리 마음에 그릴 줄 알아야 합니다. 그것이 바로 거룩한 상상입니다. 상상은 시간적으로 아직 나타나지 않고 또한 아직 보이지 않는 미래를 그려보는 것이기 때문에 예언적입니다. 따라서 우리가 주의 말씀에 따라 상상할 때, 그리고 그 상상이 주의 기이한 생각과 일치될 때 마침내 주의 영광의 통로가 열리고, 주의 뜻이 이 땅에, 내 눈앞에, 내 삶에 일어나게 되는 것입니다.

과거를 생각해보십시오. 인간이 가장 즐기고 좋아하는 것이 바로 상상입니다. 어린 시절 얼마나 많은 상상을 하며 지냈습니까? 하나님이 우리에게 주신 놀라운 선물이 상상력이지만, 우리는 시간이 지남에 따라 순수하지 못하고 더럽고 추하고 악한 상상들로 우리 마음에 가득 채워왔습니다. 왜냐하면 마귀의 종으로 그 영향을 받고 살았기 때문입니다.

이제 우리가 하나님의 자녀라면 다시 영적 어린아이로 돌아가야 합니다. 그리고 성령 안에서 말씀을 통하여 주의 뜻을 상상해야 합니다. 그것이 바로 거룩하고 성화된 상상입니다.

하나님은 우리가 주님의 말씀을 상상함으로써 주의 기이한 뜻을 우리에게 알려주기를 원하십니다. 매일매일 성령 안에서 주의 말씀에 따라 상상하는 즐거움을 누립시다.

우리 경험에 기초한 상상은
우리 마음을 어둡고 더럽게 하지만,
성령 안에서 말씀에 따른 상상은
주의 뜻에 우리의 마음을 일치시키는 거룩한 훈련입니다.

그것이 바로 주의 마음에 우리의 마음을 일치시키는 훈련이고, 기적을 경험하는 일이기 때문입니다.

기록된 바 하나님이 자기를 사랑하는 자들을 위하여 예비하신 모든 것은 눈으로 보지 못하고 귀로 듣지 못하고 사람의 마음으로 생각하지도 못하였다 함과 같으니라 오직 하나님이 성령으로 이것을 우리에게 보이셨으니 성령은 모든 것 곧 하나님의 깊은 것까지도 통달하시느니라 고전 2:9,10

1 말씀 한 구절을 붙들고 묵상해보십시오. 그리고 그 말씀대로 이루어진 수많은 생각을 펼쳐보십시오. 상상을 통하여 하나님의 마음이 무엇인가를 그려보는 것입니다.

2 헤아릴 수 없는 주의 마음에 내 마음을 맞추어가는 즐거움은 세상의 무엇과도 비교할 수 없는 기쁨의 시간입니다. 그 기쁨을 누려보세요.

21
어떻게 성공한 삶을
살 수 있습니까?

하나님의 지혜와 능력으로 사는 것이다

주님, 성공은 남보다 더 크고 더 좋은 것들을
더 빨리, 더 많이 갖는 거라고 생각합니다.
흙수저인 저는 그런 삶을 영영 살 수 없을 것 같아 속상합니다.

세상을 보면 정말 불공평한 것 같습니다. 아무리 노력하고
발버둥 쳐도 이미 짜여진 틀과 각본에 따라 살 수밖에 없
는 것처럼 보이기 때문입니다. 그렇지만 성령의 인도함을
받아 마음눈을 밝히면 세상이 결코 그렇지 않다는 것을 알
수 있습니다(엡 1:17-19 참조).

우리는 마귀가 준 잘못된 기준을 가장 가치 있는 것으로
당연시하며 살아가고 있습니다. 예를 들어, 우리는 남보다
뛰어나야 잘 살 수 있다고 생각합니다. 우리에게 정말 필
요한 것은 풍성한 삶인데, 이미 자신에게 주어진 것을 충분

히 누리지도 못한 채 남보다 잘되는 것에 기준을 두고 살기 때문에 늘 부족함과 결핍에 시달리는 것이지요.

더욱이 우리는 늘 BBFM을 따라갑니다. BBFM은 'the bigger(더 크게), the better(더 좋게), the faster(더 빨리), the more(더 많이)'라는 뜻인데, 우리는 무엇을 하든 이렇게 해야만 잘사는 것이라고 느낍니다. 그러나 이런 삶은 헛된 삶일 뿐입니다. 아무리 채워도 공허하기 때문이며, 목마름에는 끝이 없기 때문입니다. 또한 우리가 늘 에너지가 충만한 청춘일 수는 없기 때문입니다.

우리가 세상에 속해 있을 때는 육신의 부모의 신분에 따라 태어날 때부터 금수저와 흙수저가 결정됩니다. 그러나 만약 당신이 하나님으로부터 태어나 예수 그리스도 안에 있는 새로운 피조물이라면 당신은 더 이상 마귀의 거대한 포로수용소에서 살고 있지 않다는 것을 알아야 합니다. 당신은 이제 마귀의 통치 아래 사는 포로가 아니라, 하나님의 통치 아래 사는 자녀입니다.

그가 우리를 흑암의 권세에서 건져내사 그의 사랑의 아들의 나라로 옮기셨으니 골 1:13

우리의 출신이나 지혜나 소유나 관계가 어떠하다 하더라도, 우리가 예수 그리스도를 믿는 순간부터 우리 안에 하나님이 계십니다. 또한 우리가 정말 하나님의 자녀라면 이세상이 얼마나 공평한지를 알아야 합니다. 왜냐하면 구원받은 후부터는 똑같은 출발선에서 시작하기 때문입니다.

　이제는 누가 자신을 더 포기함으로 하나님을 잘 나타내느냐(영화롭게 하느냐) 중요합니다. 우리는 더 이상 자신의 능력대로 최선을 다하고 누리는 존재가 아닙니다. 하나님의 성품과 지혜와 능력으로 이 땅에 하나님의 뜻을 이루는 삶을 사는 존재가 된 것입니다. 하나님의 유업을 이루는 자가 된 것입니다. 그것은 내 행위와 노력에 달려 있는 것이 아니라, 바로 나 자신을 포기하는 만큼 주님이 나타나심으로 인하여 이루어지는 것입니다. 우리에게 정말 필요한 것은 하나님 아버지와의 친밀함과 예수 그리스도 안에 있는 믿음입니다.

　복음에는 하나님의 의가 나타나서 믿음으로 믿음에 이르게 하나니 기록된 바 오직 의인은 믿음으로 말미암아 살리라 함과 같으니라 롬 1:17

죄 가운데 살 때는
육신의 생각으로 살지만,
성령 충만함을 받을 때는
마음의 눈이 밝아져
영의 생각으로 살게 됩니다.

남보다 뛰어나야 하고, 더 잘 살아야 한다는 생각을 버리고, 내 안에 계신 하나님께서 나를 통해서 나타나심으로 인하여 내 능력 이상의 삶을 사는 것을 배우십시오. 이것이 바로 하나님의 자녀가 누려야 할 풍성한 삶입니다.

우리 주 예수 그리스도의 하나님, 영광의 아버지께서 지혜와 계시의 영을 너희에게 주사 하나님을 알게 하시고 너희 마음의 눈을 밝히사 그의 부르심의 소망이 무엇이며 성도 안에서 그 기업의 영광의 풍성함이 무엇이며 그의 힘의 위력으로 역사하심을 따라 믿는 우리에게 베푸신 능력의 지극히 크심이 어떠한 것을 너희로 알게 하시기를 구하노라 엡 1:17-19

 적용

1 당신 안에 여전히 남아 있는 세상적 사고방식은 무엇입니까? 자신을 점검해보세요.

2 이미 우리 안에 하나님이 계십니다. 오늘도 그분이 더 나타나시도록 당신의 생각과 감정을 포기해보십시오.

22

주님, 이 분노를
어떻게 없앨 수 있을까요?

분을 내어도 죄는 짓지 말라

주님, 저는 분노가 나면 그 감정을 다스리기가 어려워
번번이 실수를 하곤 합니다.
분노를 잘 다스려서 괜찮은 사람으로 보이고 싶습니다.

우리는 분을 내는 것을 부끄럽게 생각하거나 자책하는 경
우가 많습니다. 그런데 사실 우리에게 감정이 있다는 것은
살아 있다는 증거이며, 자신의 상태를 말해주는 지표이기
도 합니다. 만약 우리에게 감정이 없다고 생각해보십시오.
우리가 자신의 상태를 어떻게 조절할 수 있겠습니까? 그리
고 어떻게 서로 교감할 수 있겠습니까? 사실 감정이 없다
면 인간이라고 볼 수 없을 것입니다. 성경을 보면 예수님도
분을 내셨습니다. 특히, 하나님의 말씀을 왜곡하고 하나
님 대신에 자기가 영광을 차지하는 자들에게 주님은 우리

의 생각 이상으로 분을 내시고 엄하게 대하셨습니다.

우리가 알아야 할 사실은 부정적이고 나쁜 감정 그 자체가 잘못된 것이 아니라, 그 감정을 어떻게 처리하는가에 따라 죄를 짓고 마귀의 종노릇할 수도 있고, 반대로 자신의 정확한 상태를 파악함으로 다시 하나님의 마음으로 돌아설 수도 있다는 점입니다. 성경에서 분노에 대해 가장 구체적으로 가르치는 구절은 에베소서 4장 26,27절입니다.

분을 내어도 죄를 짓지 말며 해가 지도록 분을 품지 말고 마귀에게 틈을 주지 말라 엡 4:26,27

분노에 대해 뭐라고 합니까? 첫째로 "어떤 일이 있더라도 분을 내지 말라"고 하지 않고 "분을 내어도"라고 합니다. 경우에 따라서 분을 낼 수 있는 것이 우리 인간이라는 것입니다.

둘째로 분을 낼 수는 있지만, 죄를 짓지 말라고 합니다. 그렇다면 어떻게 분을 내는 것이 죄인 것일까요? 분이 난다는 것은 내 마음이 평안하지 못하고, 어떤 상대 혹은 상태 때문에 감정이 격해진 것을 의미합니다. 그러한 감정은

분노는 자신을 지킬 수 없는 자가
두려움을 감추기 위해 나타내는 감정입니다.
분노 속에 있는 자신의 두려움을 찾아내십시오.

얼마든지 일어날 수 있지만, 그 감정에 나 자신을 내맡기게 되면 죄인 것입니다. 분을 낸 다음, "내가 왜 이랬는지 모르겠어. 정말 미안해"라는 사람이 있습니다. 그게 바로 분노에 자신을 맡긴 것이고 죄를 짓는 것입니다.

셋째로 "해가 지도록 분을 품지 말라"고 말합니다. 우리는 해가 지도록, 즉 하루 종일 분을 마음에 품어서는 안 됩니다. 분을 품는 것, 즉 계속 그 분노를 붙들고 기억하고 되새기는 것은 하나님의 마음에서 벗어나는 것이며, 그렇게 되면 우선 대뇌변연계(limbic system)에서 좋지 않은 스트레스 호르몬이 분비되고 육체의 자율신경계, 내분비계, 면역체계가 망가지기 시작합니다.

넷째로 "마귀에게 틈을 주지 말라"고 합니다. 계속적으로 분을 품게 되고 그 상태로 날을 넘기게 되면, 즉 잠자리에 들게 되면 잠재의식 안에 상황에 따른 분노의 감정을 프로그램화시키는 과정을 거치게 됩니다. 그렇게 되면 비슷한 상황이 생길 때마다 자동반응이 일어나게 되고, 그곳은 더 이상 하나님이 통제하지 못하시고 악한 영이 통치하기 시작합니다. 일단 마귀가 우리의 감정을 붙들면, 그것은 상처와 쓴 뿌리가 되고 스스로 통제하기 힘들어집니다. 분노는 더 큰 분노를 만들어내며, 가면 갈수록 전보다 더 작은 일에도 분노하게 됩니다.

우리는 "절대로 분노하지 말아야지!"라고 결단하기보다는 분노를 어떻게 처리하는지를 배우고 훈련해야 합니다. 분을 낼 수 있습니다. 그러나 그 분노가 내 마음을 사로잡지 못하도록 하십시오. 분을 내는 것은 감정의 문제이지만, 그것에 내 마음을 빼앗기면 죄의 문제가 되기 때문입니다. 그리고 분한 감정을 계속 붙들고 있지 마십시오. 그렇게 되면 마귀가 둥지를 틀게 되고, 우리가 마귀의 성품을 나타내는 존재로 변화되기 때문입니다.

분을 내어도 죄를 짓지 말며 해가 지도록 분을 품지 말고 마귀에게 틈을 주지 말라 엡 4:26,27

적용

1 화가 나는 일이 있었나요? 분을 내었더라도 자신을 정죄하지 말고, 그 감정을 주님께 드리십시오.

2 이런 경우에 왜 분노가 생기는지 주님께 생각나게 해주시고 보여달라고 기도하십시오.

23

영적 성숙은
어떻게 이루어집니까?

주님과의 관계로 이루어진다

열심히 신앙생활 하고 최선을 다해 선한 일을 행하지만
늘 부족함을 느낍니다.
아무에게도 말한 적은 없지만
주님의 일을 하고 난 다음에도 만족감은 잠시뿐입니다.
주님이 말씀하신 영적 성숙이란 도대체 무엇입니까?

육적인 일과 혼적인 일은 시간을 투자한 만큼 숙달이 되
고, 마침내 달인의 경지에 이르게 됩니다. 우리는 TV에서
오랜 시간 훈련과 숙달 끝에 달인의 경지에 오른 사람을
보게 됩니다. 그들의 능력을 보면 혀를 내두를 수밖에 없
습니다. 보통 사람으로는 불가능한 일이기 때문입니다.

말콤 글래드웰이 쓴 《아웃라이어》라는 책에는 '일만 시
간의 법칙'이 나옵니다. 어떤 일에든 일만 시간을 투자하면
달인의 경지에 이른다는 것입니다. 하루에 6시간을 투자하

면 4년 6개월이 걸리고, 하루에 3시간을 투자하면 10년 정도가 걸리게 됩니다. 이 말을 들으면 "천재는 1퍼센트의 영감과 99퍼센트의 노력으로 이루어진다"는 말이 정말 맞는 것 같습니다.

그러나 영적 훈련은 육적 혹은 혼적 훈련과는 다릅니다. 비유로 말하자면 육적, 혼적 훈련이 계단을 올라가는 것과 같다면, 영적 훈련은 높이뛰기를 하는 것과 같습니다.

계단을 올라가다 힘이 들어 쉰다고 해도 그만큼은 이미 올라간 것입니다. 마찬가지로 육적, 혼적 훈련은 하면 할수록 점점 더 나아지지 퇴보하지는 않습니다. 그러나 높이뛰기는 땅에서 힘차게 발을 굴러 한껏 높이 뛰어도 공중에 계속 머무를 수는 없습니다. 한순간 다시 원위치로 돌아오기 때문입니다.

이와 마찬가지로 영적 훈련은 지금 이 순간 믿음을 통한 하나님과의 생명적인 관계가 그 사람의 영적 수준입니다. 어제 죽은 사람을 살렸다 할지라도, 오늘 그의 영적 수준은 지금 이 순간 하나님과의 관계 정도에 달려 있을 뿐입니다. 즉, 당신이 하나님의 영에 사로잡혀 있지 않으면 성숙은 '제로'입니다.

이처럼 육적, 혼적 성숙과 영적 성숙에는 엄청난 차이가 있습니다. 전자는 우리에게 달려 있지만, 후자는 하나님께 달려 있습니다. 전자는 노력에 달려 있지만, 후자는 관계에 달려 있습니다. 또한 전자는 노력한 만큼 숙달되지만, 후자는 자신을 포기한 만큼 깊어집니다.

당신의 인생에서 지금까지 육적, 혼적 훈련을 위해서 들인 시간과 노력과 투자한 돈을 생각해보십시오. 엄청나지 않습니까? 그렇다면 반대로 영적 훈련을 위해서 지금까지 포기한 것이 무엇이 있는지, 얼마나 많은 시간을 포기했는지를 생각해보십시오. 그렇게 적게, 또 적은 시간을 포기하고 영적 성숙을 얻지 못한 것에 대해서 불평할 수 있겠습니까? 영적 달인에게도 일만 시간의 법칙이 동일하게 적용됩니다. 다만 얻기 위해서 들인 시간이 아니라, 버리기 위해서 들인 시간의 차이만 있을 뿐입니다.

육체의 연단은 약간의 유익이 있으나 경건은 범사에 유익하니 금생과 내생에 약속이 있느니라 **딤전 4:8**

1 당신은 영적 성숙을 위해 어떤 노력과 투자를 기울였나요? 그런데도 계속 제자리인 것 같아서 답답한가요? 영적 성숙은 높이뛰기와 같다는 것을 기억하십시오.

2 매 순간 순종의 삶을 살기 위해서 주님의 임재를 몸으로 느껴보십시오.

세상에서 자신을 포기하는 것은
어리석은 삶이지만,
하나님나라에서 자신을 포기하는 것은
영적 달인이 되기 위한 가장 효과적인 방법입니다.

part 6

하나님의 하루를 살라

어떻게 하면 좋은 하루를 보낼 수 있습니까?

시간 관리를 잘할 수 있는 방법은 뭔가요?

계획적으로 살 수는 없을까요?

어떻게 풍성한 은혜를 누릴 수 있을까요?

어떻게 해야 여유 있는 삶을 살 수 있습니까?

잠을 줄일 수 있을까요?

언제쯤 좋은 날이 올까요?

24
어떻게 하면
좋은 하루를 보낼 수 있습니까?

매일 하나님나라에서 눈을 떠라

주님, 눈을 뜨자마자 아무 생각 없이
밤새 무슨 일이 일어났나 궁금해서 핸드폰에 손이 갑니다.
사실은 정말 그렇게 관심이 있는 것도 아닙니다.
대부분 좋은 소식보다는 나쁜 소식 때문에
씁쓸한 마음으로 하루를 시작합니다.
어떻게 하면 좋은 하루를 보낼 수 있을까요?

문득 과거가 떠올랐습니다. 매일 아침 눈뜨면, 아무 생각
없이 조간신문부터 찾을 때가 있었습니다. 그리고 그 뒤
언젠가부터는 눈만 뜨면 핸드폰으로 뉴스를 찾아보던 때
가 있었습니다.

'밤사이에 무슨 일이 일어났을까? 오늘 무슨 일이 일어
날까? 세상은 어떻게 될까?'

밤에 잠을 잤지만, 내 모든 마음은 세상을 향해 있는 것
같았습니다.

가만히 생각해보면 내가 정치가도 아니고, 신문사에 다니는 것도 아닌데 말입니다. 실제로 세상의 갖가지 소식이 오늘 내 삶에 직접적인 영향을 미치는 것이 아님에도 불구하고, 그 소식을 알아야만 할 것 같고, 누군가의 잘잘못을 판단하고 내 개똥철학을 읊어야 내 존재감을 느끼는 것 같았습니다.

지금 와서 가만히 생각해보면 매일 새벽 눈뜨자마자 마귀에게 문안 인사드리고 아침을 시작한 것 같습니다. 우리가 하나님 자녀라면 그리고 우리의 본향이 이 세상이 아니라면, 눈을 뜨자마자 하나님 아버지께 인사드려야 하고 하나님나라의 소식이 먼저 궁금해져야 하는데 말입니다.

우리는 하나님과 연결되어 이 세상을 변화시키는 존재이지, 이 세상의 변화에 영향을 받거나 그 속에서 내 몸과 영혼을 잘 보존하는 존재가 아닙니다. 따라서 우리는 매일 아침, 그 아침을 맞이하는 내 마음이 정말 중요하다는 것을 깨달아야 합니다. 왜냐하면 시간의 아침은 오늘을 밝히지만, 마음의 아침은 내일을 밝히기 때문입니다. 시간의 아침은 세상으로부터 오는 것이지만, 마음의 아침은 하나님나라(통치)로부터 옵니다. 시간의 아침을 뉴스로 밝히기 전에 마음의 아침을 생명의 말씀으로 밝힙시다.

우리는 의식적이든 무의식적이든 아침에 일어날 때 자신이 어떤 존재인지를 결정하게 됩니다. 이를 대충 세 가지 유형으로 나눌 수 있습니다.

첫 번째는 상황에 묶여서 몸이 아프고, 머리가 아프고, 누군가를 만나야 하고, 하기 싫은 일을 해야 한다고 생각하는 부류이고, 두 번째는 '상황은 안 좋지만 참고 일어나야지. 그렇지 않으면 어떡하겠어'라고 생각하는 부류이며, 세 번째는 '상황과 상관없이 나는 하나님의 자녀이고, 새 하루를 주셨고, 나를 통해서 새 역사를 쓰시기 원하셔. 주의 기쁨이 되는 하루를 보내자'라고 생각하는 부류입니다.

당신은 왜 당신의 생각과 느낌으로 당신의 존재를 규정하고 하루를 시작하고자 합니까? 지금 당신의 존재를 자신의 생각과 느낌에 기초하여 판단하고 결정한다면, 당신은 여전히 겉사람에 기초한 삶을 사는 것이며 마귀의 손에서 벗어날 수 없을 것입니다. 당신을 위해서 그 생각도 감정도 존재하는 것이지, 당신의 생각과 감정 그 자체는 더 이상 당신이 아닌 것을 알아야 합니다. 우리는 예수 그리스도 안에 새로운 피조물임을 잊지 맙시다. 첫 단추를 제대로 꿰어야 합니다.

첫 단추가 잘못 꿰이면 끝까지 잘못될 수밖에 없습니다. 아침에 눈뜰 때 당신의 생각과 감정에 묶이지 말고, 예수 그리스도 안에서 시작하십시오. 그것이 바로 오늘 승리하는 길이며, 하나님의 하루를 보내는 비밀입니다.

"지금 마귀가 나의 마음에 두려움과 유혹과 시험을 준다 할지라도 나는 속지 않겠다."

"나는 예수 그리스도 안에 새로운 피조물이며, 하나님의 형상을 나타내는 자이다."

"어떤 상황에서도 하나님 아버지가 나와 함께하신다."

"오늘은 기쁜 날이며, 오늘은 은혜의 날이다."

"내 안에는 의와 희락과 평강뿐이다."

"오늘도 하나님의 하루를 보낼 것이며, 오늘도 나를 통하여 주의 뜻이 이루어질 것이다."

"나는 '하나님의 영광 안에 거하는 삶'을 사는 자이다."

"나라와 권세와 영광이 아버지께 영원히 있사옵나이다."

할렐루야!

다만 너희는 그의 나라를 구하라 그리하면 이런 것들을
너희에게 더하시리라 적은 무리여 무서워 말라 너희 아버
지께서 그 나라를 너희에게 주시기를 기뻐하시느니라

눅 12:31,32

1 첫 단추를 잘 꿰어야 합니다. 아침에 눈뜨고 제일 먼저 하
   는 일이 무엇인지를 확인해보십시오.

2 핸드폰을 들기 전에 먼저 당신이 누구이고, 어디에 있는
   지, 무엇을 위해 사는지를 생각해보십시오.

당신 존재는
예수 그리스도 안에 새로운 피조물이고,

당신 삶터는
이 땅에 도래한 하나님나라이고,

당신 삶의 목적은
주의 뜻을 이 땅에 이루는 것입니다.

25

시간 관리를 잘할 수 있는 방법은 뭔가요?

관리 대상은 당신의 마음이다

주님! 늘 시간에 쫓기는 삶이 아니라,
시간을 잘 관리하는 삶을 살고 싶습니다.
어떻게 하면 시간이 나를 위해서 일하는 것을
경험할 수 있을까요?

세상에는 다시 한 번 기회가 주어지는 것도 많지만, 한번 지나가면 다시는 돌이킬 수 없는 것이 있습니다. 바로 한 번 내뱉은 말, 주어진 기회, 그리고 시간입니다. 시간은 모든 사람에게 공평하게 하루 24시간만 주어집니다.

본래 하나님께서는 모든 인간에게 동일한 시간을 주시고, 그분이 의도한 계획을 이루게 하기 위해 각자에게 일과 가능성을 허락하셨습니다. 그리고 인간이 그 시간을 어떻게 사용하고 그 시간에 무엇을 해야 할지를 주님과 교제하면서 알아가기를 원하셨습니다.

부자도 가난한 자도, 배운 자도 못 배운 자도, 남녀노소 불문하고 모든 사람에게 24시간이 주어집니다. 사람들은 대부분 그 시간을 자기의 소유라 생각하고 자기 방식대로 사용하고 있습니다. 그리고 가능하면 주어진 시간 내에 자신이 원하는 것을 더 많이 이루고자 애쓰고 있습니다.

그러나 곰곰이 생각해보면, 시간은 관리할 수 없다는 것을 알게 됩니다. 왜냐하면 우리가 이 땅에(지구에) 사는 이상 시간을 늘릴 수도, 줄일 수도 없기 때문입니다. 시간 관리는 결국 주어진 시간에 무엇을 어떻게 해야 하는가에 대한 '마음 관리'입니다. 그런데 우리는 자신의 마음을 관리하지 않고 시간을 관리하려 애를 씁니다.

수없이 스케줄을 짜지만 잘 실천하지 못합니다. 왜냐하면 시간은 애초에 관리의 대상이 아니기 때문입니다. 시간은 그냥 흘러갈 뿐이지 관리할 수 있는 것이 아닙니다. 관리해야 할 대상은 시간이 아니라, 그 시간을 보내는 우리 마음입니다. 이것이 바로 시간 관리의 핵심입니다.

마음 관리에서 중요한 두 가지만 생각해봅시다.

첫째, 모든 일을 다 할 수 없다는 것을 깨달아야 합니다. 제가 집에 돌아와서 아내에게 "여보, 오늘 어떻게 보냈

어요?"라고 물으면 아내는 "집안일에 끝이 있나요?"라고 반문하곤 합니다. 사실 저의 하루도 마찬가지입니다. 일은 절대 끝나지 않습니다. 왜냐하면 항상 해야 할 일이 있고, 하고 싶은 일이 있기 때문입니다.

누구도 해야 할 일과 하고 싶은 일 모두를 다 할 수는 없습니다. 왜냐하면 해야 할 일은 언제나 할 수 있는 일의 양보다 더 많기 때문이지요. 결핍에 대한 내면의 욕구를 직시하십시오. 더 많은 일을 하고자 하는 근본적인 원인은 당신 내면에 계속되는 공허함과 결핍 때문이지 그럴듯한 다른 이유가 있는 것이 아닙니다.

시간을 보내는 데 가장 중요한 것은 어떻게 하면 더 많은 일을 할 수 있을까가 아니라, 자신의 소명과 목표에 기초하여 지금 혹은 오늘 하지 않아도 되는 일과 하지 말아야 할 일을 선택하고, 그 일을 하지 않는 것을 배우는 것입니다. 다시 말해서, 하나님의 때에 하나님이 시키시는 일만 하는 것이 가장 풍성한 삶을 사는 비밀입니다.

둘째, 인생에서 급한 일보다는 중요한 일을 더 소중히 여기는 습관을 가지는 것입니다. 그런데 대부분은 급하기는 하지만 중요하지 않은 일, 급하지도 중요하지도 않은 일에 더 많은 시간을 보냅니다. 또한 중요도에 따른 우선순위도 정하지 않고 주어진 시간에 가능한 많은 일을 하려고 합니다. 그렇게 하면 수고하지만 점점 더 무거운 짐을 지게 되고 에너지 관리를 제대로 하지 못하게 됩니다. 결국 나중에는 희랍 신화에 나오는 태양을 향해 날아가면 갈수록 녹아 없어지는 이카로스의 밀랍 날개처럼 인생을 되돌아볼 때 후회만 남게 되지요.

하나님께서는 우리에게 먹고 살기 위해 열심히 일하라고 말씀하신 적이 없습니다. 그것은 타락의 결과일 뿐입니다. 본래 삶의 목적은 안식 가운데 주를 나타내는 일을 하는 것임을 알아야 합니다. 일과 일 사이에 안식과 쉼이 있는 것이 아니라, 안식과 안식 사이에 일이 있도록 해야 합니다. 그럴 때에 비로소 하나님의 지혜와 능력을 나타낼 수 있습니다.

안식은 단순한 휴식이 아니라 하나님과의 교제를 의미합니다. 그분을 묵상하고 즐거워하고 그분께 영광 돌리는 시간을 말합니다. 그야말로 그분과 사랑과 친밀함을 나누는 것입니다. 그리고 그분으로부터 해야 할 일과 어떻게 해야 하는지를 배우는 것입니다. 그것이 바로 기도입니다.

시간 관리는 마음 관리이며
마음 관리의 핵심은
하지 말아야 할 일을 하지 않는 것이고
급한 일보다는 중요한 일을 먼저 하는 것입니다.

시간 관리의 핵심은 먼저 주님 안에서 안식하는 것입니다. 그 가운데서 하지 말아야 할 것과 정말 중요한 것이 무엇인지를 배우는 것입니다. 내가 해야 할 일이 아니라 주님이 시키신 일에 시간을 많이 투자함으로써 모든 일을 선제적으로, 능률적으로, 창조적으로 해나갑시다.

그런즉 너희가 어떻게 행할지를 자세히 주의하여 지혜 없는 자같이 하지 말고 오직 지혜 있는 자같이 하여 세월을 아끼라 때가 악하니라 엡 5:15,16

1 일을 해도 해도 끝이 없는 매일을 보내고 있습니까? 시간 관리 대신에 소명과 목적에 기초한 마음 관리를 시작하십시오.

2 일과를 시작하기 전에 하나님께서는 당신이 무슨 일부터 하기 원하시는지 여쭈어보십시오.

26

계획적으로
살 수는 없을까요?

매일 노트하라

주님! 매일 수많은 생각과 아이디어가
머릿속에 오가지만 어느 하나도 제대로 된 것은 없습니다.
어떻게 하면 좋을까요?

우리는 꿈과 비전을 소중히 여깁니다. 그리고 그것을 마음
속으로 그려보고 언젠가는 이루기를 소망하지요. 그런데
많은 사람이 꿈과 비전을 가지고 있더라도 모두가 그것을
이루는 것은 아닙니다. 마음속에 묻혀 있는 꿈은 결코 이
루어지지 않기 때문입니다. 우리는 생각하는 존재이고, 수
많은 생각을 하며 살아갑니다. 이러한 즉흥적인 생각들은
주관적이며, 명료하지 않고, 정리되지 않은 채 여러 가지가
뒤섞여 있고, 특별히 감정까지 개입되어 혼란스럽게 여겨지
기도 합니다.

꿈을 이루기 위해서는 마음에 있는 것이 실체화되어야 하며, 그것을 자신의 입술로 선포하고, 그것이 다시 뇌와 잠재의식에 기록되어야 합니다. 실체화되지 않은 꿈은 머릿속에서 맴돌다 사라집니다. 즉, 마음에 품은 꿈은 기록을 통하여 실체화시켜야 하고, 그것을 입으로 말함으로 믿음을 확고히 해야 합니다. 기록한 내용을 선포할 때 더 큰 믿음이 생기고, 그것은 다시 더 명확하고 뚜렷한 꿈을 그리게 하며, 이것을 다시 우리의 잠재의식에 기록하게 합니다.

생각을 실체화시키는 가장 좋은 방법은 무엇일까요? 매우 쉽습니다! 노트에 자신의 생각을 기록하는 것입니다. 이것은 단순하지만 매우 중요한 일입니다. 기록은 자신의 머릿속에 맴돌던 생각을 구체적으로, 계획적으로 정리해줍니다. 단기기억 시 받는 부정적 스트레스에서 해방시켜주고, 자신의 생각을 비움으로써 보다 창의적인 일을 하게 합니다. 게다가 컴퓨터를 이용해서 정리하는 것보다 기억의 입출력이 훨씬 용이합니다. 이는 마치 삶을 정리하는 일을 넘어서 삶에 생명을 불어넣는 일과 같습니다.

요즘 같은 디지털(digital) 시대에 아날로그(analog) 일지를 쓰는 것은 하이테크(high tech) 시대에 하이터치(high touch)가 필요한 것과 같습니다. 그래서 노트를 가지고 다니는 사람은 가장 훌륭한 일정관리 비서를 고용하는 것과 마찬가지입니다. 정치인, 연예인들은 주어진 시간에 자신의 목표에 일치되는 일을 가장 효율적으로 하기 위해서 대부분 일정관리 비서를 두지만, 평범한 사람들이 그러기에는 엄청난 비용을 지불해야 할 뿐만 아니라 24시간 함께할 수도 없습니다. 그러나 노트에 기록하면 그런 어려움 없이 자신의 일정을 가장 효율적으로 관리할 수 있게 됩니다. 또한 노트를 사용하면 자신의 계획과 실행의 차이를 명확하게 볼 수 있습니다. 이러한 차이는 동기유발뿐만 아니라 확실한 보상체계를 다시 확립해줍니다.

해야 할 일과 한 일을 체크하는 스케줄러는 수첩밖에 안 되지만, 비전 또는 계획과 더불어 결과와 평가가 있는 스케줄러는 플래너(인생 계획 진행 평가집)가 됩니다. 흔히 사람들은 노트에 무언가를 적을 시간에 할 일을 하나라도 더 하는 것이 좋다고 생각합니다. 그러나 정반대입니다. 실제로 노트를 사용할 때 해야 할 일을 더 생산적으로 하고 시간의 여유를 더 가질 수 있게 됩니다. 반대로 매일 일상에 쫓겨 노트에 기록하거나 점검, 평가할 시간조차 없는 삶은

노트는
자신이 살아가는 방식을 비추는 거울입니다.
시간 장부이고 인생 기록입니다.
자신의 삶을 조직하고 구조화하는
최고의 도구입니다.

바쁜 것에 비해 그 결과는 생산성이나 효율성 모두에서 떨어집니다.

오늘부터 매일 해야 할 일, 하고 싶은 일, 한 일을 기록합시다. 종이 노트와 인터넷 노트를 동시에 사용하는 것도 좋습니다. 기록은 하나님께서 당신을 통해 행하신 것 그리고 행하실 것을 알려주는 가장 강력한 도구입니다.

예수께서 제자들 앞에서 이 책에 기록되지 아니한 다른 표적도 많이 행하셨으나 오직 이것을 기록함은 너희로 예수께서 하나님의 아들 그리스도이심을 믿게 하려 함이요 또 너희로 믿고 그 이름을 힘입어 생명을 얻게 하려 함이니라 요 20:30,31

적용

1 개인적으로 당신 삶의 모든 것을 누구와 나눕니까?

2 지금 노트와 나누어보십시오. 당신의 삶이 놀랍게 변화될 것입니다.

27

어떻게 풍성한 은혜를
누릴 수 있을까요?

손바닥만 한 구름에도 감사하라

주님, 복음은 은혜의 삶이라고 말했습니다.
그런데 제 삶에는 은혜를 찾아볼 수가 없습니다.
열심히 해도 돌아오는 것은 고난밖에 없습니다.
어떻게 은혜의 삶을 살 수 있습니까?

마가복음에 보면 하나님나라를 다음과 같이 비유로 말씀
하고 있습니다.

> 또 이르시되 하나님의 나라는 사람이 씨를 땅에 뿌림과
> 같으니 그가 밤낮 자고 깨고 하는 중에 씨가 나서 자라되
> 어떻게 그리 되는지를 알지 못하느니라 땅이 스스로 열매
> 를 맺되 처음에는 싹이요 다음에는 이삭이요 그 다음에는
> 이삭에 충실한 곡식이라 열매가 익으면 곧 낫을 대나니 이
> 는 추수 때가 이르렀음이라 막 4:26-29

우리는 흔히 "무엇이든지 기도하고 구한 것은 이미 얻은 줄로 믿어라!"라는 말씀과 같이 이미 이루어진 것을 그려 보고 기대하기 마련입니다. 그래서 우리가 기도할 때 씨를 뿌리지만 우리가 응답받고자 하는 것은 이삭에 충실한 곡식이지 새싹은 아니라고 생각합니다.

그러나 중요한 사실은 마가복음의 말씀처럼 한순간에, 그것도 당신이 원하는 시간과 장소에 당신이 원하는 만큼 뚝딱 응답이 이루어지지 않는다는 것입니다. 어떻게 된 것인지는 알지 못해도 하나님의 은혜로 처음 나오는 것이 바로 싹입니다. 간절한 마음으로 말씀을 심고, 눈에 보이지 않지만 믿음으로 기도하고 기다리며 소망할 때 처음 눈에 보이는 것은 단지 싹일 뿐입니다. 싹은 완전한 식물의 생김새와는 전혀 다릅니다. 심지어 잡초와도 잘 구분이 되지 않습니다. 하지만 싹을 알아보는 자만이 하나님나라의 삶을 살 수 있습니다.

싹은 마치 이미 주신 하나님의 말씀을 붙들고 엘리야가 일곱 번이나 기도했을 때 겨우 얻은, 사람 손바닥만 한 작은 구름과 같은 것입니다. 싹을 알아보는 자만이 더 큰 믿음을 가지게 되며 곧 이루어질 실상과 증거를 더 확실하게 붙들 수 있게 됩니다. 그런데 싹을 알아보지 못하는 자는 잡초인 줄 알고 밟아버리고, 여기저기 돌아다니며 이삭에 충실한 곡식만을 찾게 됩니다. 그리고 찾지 못하면 또 다른 씨를 심기만 합니다. 행여나 이번에는 곡식을 볼 수 있을까 하는 기대감으로 말입니다. 그러나 그는 결코 하나님의 놀라운 은혜를 경험하지 못합니다. 놀라운 하나님나라의 삶을 사는 비결은 매일 싹, 즉 손바닥만 한 구름을 찾고 그것에 감사하는 삶을 사는 것입니다.

하나님의 은혜가 없다고 부정하기 전에 당신의 삶에 돋아난 수많은 싹을 찾고 기록해보십시오. 그리고 그 싹들에 대해서 감사할 때 놀라운 은혜가 자라나게 됩니다. 싹들을 찾고 기록하고 감사하는 일이 많아질수록 하나님의 은혜 베푸심에 대한 의심은 사라집니다.

이 복음이 이미 너희에게 이르매 너희가 듣고 참으로 하나님의 은혜를 깨달은 날부터 너희 중에서와 같이 또한 온 천하에서도 열매를 맺어 자라는도다 골 1:6

믿으면 믿을수록 더 큰 믿음이 생기듯이, 은혜를 발견하고 감사하면 더 큰 은혜를 가져옵니다.

'급한데 이웃이 엘리베이터의 문을 잡고 기다려주었다.'

'뜻밖에 반가운 이메일을 받았다.'

'누군가가 물건 싸게 사는 법을 알려주었다.'

'페이스북에서 꼭 필요한 정보를 알게 되었다.'

'주차장에 마침 빈자리가 있었다.'

'함께 식사한 사람이 점심 값을 내주었다.'

'길가 포장마차에서 군것질을 했는데 아저씨가 덤으로 하나 더 주었다.'

'내가 한 작은 일에 대해서 그 사람이 정말 기뻐했다.'

'전화 통화를 하는 중에 내게 꼭 필요한 정보를 듣게 되었다.'

'나에게 꼭 필요한 물품이 홈쇼핑에 나왔다.'

'신호등을 미처 확인하지 못하고 길을 건너는데 차가 서주었다.'

'내가 정류장에 가자마자 버스가 왔다.'

'식당에서 핸드폰을 두고 일어섰는데 누군가 알려주었다.'

우리 하루의 삶은 셀 수 없는 은혜로 가득 차 있습니다. 그런데도 우리는 늘 없는 것과 부족한 것 그리고 아직 오지 않은 것만을 바라보며 삽니다. 그러나 마음의 눈만 열면 이미 주어진 은혜의 조각들이 차고 넘친다는 것에 놀라게 될 것입니다. 오늘 하루 마음의 눈을 뜨고 자신에게 주어진 은혜를 발견해보십시오!

천국의 비밀을 아는 것이 너희에게는 허락되었으나 그들에게는 아니되었나니 무릇 있는 자는 받아 넉넉하게 되되 없는 자는 그 있는 것도 빼앗기리라 마 13:11,12

 적용

1 오늘 누린 은혜의 증거들을 기록해보십시오.

2 그것들을 누리고 감사하며 더 큰 은혜가 나타날 것을 기대하고 사모하십시오. 심은 대로 거두게 될 것입니다.

세상에 우연이란 없습니다.
마음의 눈이 떠지기만 하면
삶이 은혜로 가득 찬 것을 알게 됩니다.
은혜의 증거들을 찾고 기록하고 주님을 경배하십시오.

28

어떻게 해야
여유 있는 삶을 살 수 있습니까?

하나님의 때에 시키시는 일만 하라

주님! 매일 시간에 쫓기는 삶을 살고 있습니다.
해도 해도 끝이 없고, 되돌아보면 정작 해야 할 일은
하나도 하지 못하고 사는 것 같습니다.
어떻게 사는 것이 가장 좋은 삶인가요?

항아리에 크고 작은 돌멩이를 넣는다고 가정해봅시다. 처음에 굵은 돌멩이를 넣어 가득 채운 다음, 다시 그보다 작은 돌을 넣으면 굵은 돌 사이에 작은 돌이 들어갈 것입니다. 그리고 그보다 더 작은 사이즈의 돌을 넣으면 작은 돌과 굵은 돌 사이에 더 들어가게 될 것입니다. 마지막으로 모래를 넣으면 모든 돌 사이의 공간까지 완전히 채울 수 있게 됩니다.

　하루의 시간을 보내는 방법을 방금 비유한 '항아리에 돌 넣기'에 비추어 볼 때 우리가 배울 수 있는 것이 무엇일까요? 대부분의 경우는 아무리 바쁘고, 일정이 꽉 차 있다 할지라도 정말 원하기만 한다면 틈새 시간을 내어 무엇이라도 더 할 수 있다고 생각할 것입니다.

그러나 이 비유의 핵심은 처음에 큰 돌을 먼저 넣기 시작하지 않으면 나중에는 아무리 넣고 싶어도 넣지 못한다는 사실입니다. 큰 돌은 바로 내 인생에서 가장 중요한 것들이라고 볼 수 있습니다. 작고 사소한 일에 매여 시간을 보내면 정작 자신이 정말 해야 할 일을 하지 못하고 늘 쫓기는 삶을 살 수밖에 없습니다. 그렇게 되면 나중에 아무것도 남길 수 없는 삶을 살게 됩니다.

한 번밖에 주어지지 않는 삶을 잘 살기 위해서 많은 이들이 주어진 하루 동안 더 많은 일을 하기 위해 생산성을 높일 수 있는 방법들을 찾고 배우고 행하고 있습니다. 일반적으로 생산성을 높인다는 것은 주어진 시간 내에 목표한 것을 최대한으로 달성하는 것을 의미합니다. 그러나 실제 생산성은 두 가지로 나누어서 생각해볼 수 있습니다. 하나는 효율성이고, 다른 하나는 효과성입니다. 효율성이란 말 그대로 주어진 시간 내에 최대의 성과를 얻어내는 것을 의미합니다. 반면에 효과성은 단지 주어진 시간 내에 주어진 일을 열심히 하는 것이 중요한 것이 아니라, 정말 중요한 일을 제대로 선택하고, 그것을 잘하는 것을 의미합니다. 그런데 대부분 생산성을 효율성으로만 생각하고 있습니다.

우리가 정말 알아야 할 사실은 "생각하는 모든 것을 다 할 수 없다"는 것입니다. 우리는 그렇게 지음을 받은 것이 아닙니다. 하나님께서 자신에게 주신 일을 행하고 즐거워하도록 지음 받았습니다. 바로 그것을 찾고 그것에 기준하여 살 때 풍성한 삶이 됩니다.

우리가 매일 기도하며 깨어 분별해야 할 일은 첫 번째 하나님이 나에게 맡기신 일이 무엇인가를 아는 것이고(이것은 자신의 은사와 달란트, 지식과 기술을 통해서 알 수 있습니다), 두 번째 하나님의 때에 하나님이 시키시는 대로 하는 것을 배우는 것이고, 세 번째 하지 않아도 되는 것과 하지 말아야 하는 것을 하지 않는 삶을 사는 것입니다.

다시 한 번 말하지만, 우리는 일하고 성취하기 위해서 태어난 존재가 아니라, 우리를 지으신 하나님 안에서 그분과 사랑을 나누면서 그분이 나에게 맡기신 일을 이 땅에 행함으로 놀라움과 설렘과 즐거움을 느끼며 살아가는 존재입니다. 그런데 우리는 자신의 주인이 자신인 것으로 착각하여 자신이 생각한 모든 것을 다 해야 만족을 얻는 존재로 여기며 살고 있습니다.

당신 인생에 가장 큰 돌은 무엇입니까? 가장 중요한 일이 무엇입니까? 가장 능률이 오르고 에너지가 넘치는 시간대에 가장 큰 돌부터 집어넣는 삶을 살아야 합니다. 그리고 하지 말아야 할 일들로 시간을 보내지 말아야 합니다. 그럴 때 삶에 여유가 있으며, 남에게 관심을 기울일 수 있고, 만족할 수 있으며, 풍성한 삶을 살게 됩니다.

내게 능력 주시는 자 안에서 내가 모든 것을 할 수 있느니라 빌 4:13

1 오늘 스케줄을 보십시오. 그것들을 다 해야 한다는 생각을 버리십시오.

2 정말 중요한 일부터 지금 시작하십시오. 제발 이메일과 SNS 확인으로 하루를 시작하지 마십시오.

할 일이 너무 많아 심한 스트레스를 받을 때
잠시 멈추고 기도해보십시오.
그리고 가장 중요한 일부터 시작하십시오.

29

잠을
줄일 수 있을까요?

하루를 다르게 살라

주님, 하루 종일 바쁘게 지내다가
피곤해 잠자리에 누울 때면
잠자는 시간이 너무 아깝게 여겨집니다.
그렇지만 막상 아침에는 늘 일어나는 것이 힘듭니다.
매일 이런 삶의 연속입니다.

지금까지 수많은 사람이 어떻게 하면 하루를 가장 효과적
으로 보낼 수 있을까 생각하고 연구해왔습니다. 주어진 시
간에 생산성과 효율성을 극대화시키는 방법, 잠을 줄이는
방법, 아침에 일찍 일어나는 방법 등등 말입니다. 그러나
하루를 가장 멋지게 보내는 방법은 딱 한 가지입니다.

'24시간 전부를 하나님과 동행하는 것!'

이것이 최고의 삶입니다. 어떻게 하면 그렇게 할 수 있을
까요? 이러한 삶을 위해서는 하루를 다르게 생각해야 합니

다. 즉 하루의 시작이 아침이 아니라 전날 밤 잠자기 전부터라는 사실을 알고 하루의 계획을 잠자는 시간을 중심으로 세우는 것입니다.

일반적으로 잠자리에 들기 전의 시간을 일과를 마치고 휴식을 취하기 위한 준비 시간이라고 생각합니다. 그러나 그리스도인들은 하루를 다르게 생각해야 합니다. 한 주일의 시작은 언제입니까? 월요일이 아니라 주일입니다. 주일에 하나님과 교제함으로써 나머지 한 주간을 주의 뜻대로 보낼 수 있는 것입니다.

하루도 마찬가지입니다. 잠을 일과 후 휴식을 취하는 마지막 코스가 아니라 새 아침을 맞이하는 첫 준비라고 생각해보십시오. 그렇게 되면 하루의 시작은 아침이 아니라 사실은 잠들기 전부터가 되는 것입니다. 따라서 하루의 계획은 잠자는 시간을 중심으로 세워야 합니다. 그리고 우리는 잠자는 동안에도 하나님과 교제할 수 있다는 것을 믿고, 그렇게 되도록 훈련해야 합니다.

생각해보십시오. 하루에 평균 6시간씩을 잔다면 인생의 25퍼센트를 허비한다고 볼 수 있습니다. 그래서 우리는 수면 시간을 줄이려고 갖가지 방법을 생각해냅니다. 그렇지만 수면 시간을 줄이면 깨어 있는 시간의 질이 떨어집니다. 하나님의 자녀로서 발상 전환을 해보십시오.

오늘날 발견된 과학적 증거들에 따르면 우리가 잠자는 동안에도 여전히 뇌는 작동하는 것으로 밝혀졌습니다. 따라서 잠자는 시간을 주님께 온전히 맡기면 24시간 전부를 활용할 수 있게 되는 것입니다. 뇌과학자들의 연구에 따르면 우리가 잠든 사이에도 우리의 잠재의식(또는 뇌)은 계속적으로 활동하며, 이러한 활동은 우리가 잠에서 깨어난 후의 의식(또는 뇌)에 막대한 영향을 미친다고 합니다. 잠잘 때도 뇌가 작동한다는 것을 어떻게 알 수 있을까요? 꿈을 생각해보십시오. 잠에서 깬 후에는 자신의 의식 내에서 통제된 생각을 하지만, 잠을 자는 동안에 잠재의식(뇌)은 시공간을 초월한 사고를 합니다.

우리는 잠자는 것을 'all stop'이라고 생각하지만, 실제는 그렇지 않습니다. 표면의식의 활동을 멈추게 함으로써 긴장을 이완시켜주고 그에 따른 내적 생리·생화학적 작용의 균형을 맞추고, 엉켜 있는 단기기억 저장소의 활동을 쉬게 함으로써 장기저장소와의 관계를 통해서 기억을 재정리하는 시간을 가지게 되는 것입니다. 잠자는 동안에도 하나님의 인도함을 받는 삶을 삽시다. 이러한 삶을 살기 위해서는 잠자리에 들기 전에 하루를 정리하고 성령님을 초청하여 잠자는 동안 내일의 일을 그분과 상의해야 합니다.

저는 잠자기 전 대략 30, 40분 동안 노트와 함께 이런 일을 합니다.

첫째, 하루 동안 베풀어주신 작은 은혜를 찾아내고 기록하고 감사합니다.

둘째, 슬픔과 괴로움과 부정적인 감정을 감사와 기쁨과 같은 긍정적 감정으로 바꿉니다.

셋째, 실패를 통해서 배운 것을 정리하며 걸림돌이 아니라 디딤돌로 만듭니다.

넷째, 내일 해야 할 일들을 정리하고 우선순위를 정합니다.

다섯째, 내일에 대한 염려로 잠을 청하지 않고 하나님께서 행하실 것을 상상합니다.

여섯째, 풀지 못한 문제는 잠자는 동안 하나님께서 지혜를 주시고 해결해 달라고 기도합니다.

저는 매일 아침에 일어나서 노트를 가지고 주님과 독대하며 많은 일에 대해서 감사하고 계획을 수정하고 새로운

잠은 일과 후 휴식을 하는 마지막 코스가 아니라,
새 아침을 맞이하는 첫 준비라는 것을 알아야 합니다.
주님과 함께 잠을 잔다면 잠은 최고의 보약입니다.

힘을 얻게 됩니다. 잠은 필요악이 아니라 최고의 보약입니다. 하나님의 하루를 보내기 위해서 잠자는 시간을 중심으로 하루의 계획을 세웁시다.

> 내가 잘지라도 마음은 깨었는데 나의 사랑하는 자의 소리가 들리는구나 문을 두드려 이르기를 나의 누이, 나의 사랑, 나의 비둘기, 나의 완전한 자야 문을 열어 다오…
> 아 5:2

1 당신은 어떤 상태로 잠자리에 듭니까? 피곤해서 침대에 쓰러지는 삶을 반복하지 마십시오.

2 하루를 정리하지 않고 자는 것은 여성이 화장을 지우지 않고 자는 것과 마찬가지입니다. 오늘 하루를 정리하고 잠자리에 들어보십시오. 그리고 새로운 내일의 변화를 느껴보십시오.

30

언제쯤
좋은 날이 올까요?

지금 여기, 이 순간을 즐기라

주님! 바라는 것은 많은데 되는 일은 하나도 없는 것 같습니다.
오늘 또 하루가 지나갑니다.
저에게는 언제쯤 좋은 날이 올까요?

우리의 마음이 세상을 향하는 순간, 우리는 자신이 누구인
지를 잊어버립니다. 그리고 지금 여기에서, 이 순간에 누리
는 만족이 무엇인지를 모르게 됩니다. 하나님의 영에 우리
의 마음이 사로잡히지 않을 때는 자신과 세상의 죄로 인하
여 마귀에게 연결되기 때문입니다.

다른 말로 우리는 예수 그리스도 안에서 하나님의 영의
인도함을 받을 때라야 비로소 자기의 생각과 감정이 나라
고 믿게 하는 거짓자아에서 벗어날 수 있습니다. 그렇지 않
으면 우리는 늘 '지금 여기, 이 순간'을 부정하거나 저항하

게 됩니다. 그것이 바로 거짓자아의 속성이기 때문입니다.

거짓자아는 죄로 인하여 결핍과 욕구 기반으로 만들어졌기 때문에 만족이나 성취 같은 것이 없습니다. 지나간 과거의 경험에 기초한 나, 지금은 아니지만 미래에 그 무엇을 성취할 것이라는 기대로 더 깊은 염려, 걱정, 불안에 묶인 나, 그것이 바로 거짓자아의 정체입니다.

거짓자아에 사로잡히면 육체와 마음이 원하는 것을 하고 싶어집니다(엡 2:3). 육체의 소욕이 발동하여 음행과 더러운 것과 호색과 분쟁과 시기와 분 냄과 당 짓는 것과 분열함과 투기와 술 취함과 방탕한 것들이 올라오게 됩니다.

수고하고 무거운 짐 진 자가 됩니다(마 11:28). 참으로 이상한 것은 우리가 수고하는 것은 무거운 짐을 벗어버리기 위해서인데, 열심히 수고했지만 결국 더 무거운 짐을 진 것처럼 느끼게 된다는 것입니다.

내일 일을 위하여 염려하는 자가 됩니다(마 6:34). 내일 일은 내 일(my duty)이 아니라 내일(tomorrow)이 염려해야 함에도 불구하고 내가 염려하게 됩니다. 아직 오지도 않은 미래를 현재 시간으로 끌고 와서 '지금 내가 해결해야 하는

지금까지 살아온 날의 마지막 날,
앞으로 살아가야 할 날의 첫날이
바로 오늘입니다.
영원히 현존하시는 주님의 생명 안에서
지금 여기, 이 순간에 기쁨을 누리며
주님을 영화롭게 하십시오.

데…'라고 생각하는 것 말입니다.

우리가 예수 그리스도를 믿는다는 것은 지금의 나를 나라고 믿게 하는 거짓자아를 부정하는 것입니다. 자기를 부인하고(회개) 자기 십자가를 지고(거짓자아의 포기) 예수님을 따를 때(마 16:24), 비로소 우리는 '지금 여기, 이 순간'을 있는 그대로 누리게 됩니다.

예수님은 요한복음 8장 58절에서 유대인들에게 "진실로 진실로 너희에게 이르노니 아브라함이 나기 전부터 내가 있느니라"(I am)라고 말씀하셨습니다. 본래 논리적으로 따지자면 "있었느니라"(I had been)이어야 옳을 것입니다. 그러나 예수님은 영원히 현존하는 분이십니다.

우리는 지금 나의 삶이 아니라, 영원히 현존하시는 그분을 나타내는 삶을 살아야 합니다. 그분 안에서 그분을 나타냄으로 '지금 여기, 이 순간'에 만족하며 그분을 영화롭게 하는 삶을 살아야 합니다. 그럴 때 우리는 이 세상에 묶이지 않는 삶을 살 수 있게 됩니다. 우리는 언젠가 잘 살기 위해서 오늘을 희생시키는 존재가 아니라, 오늘(지금 여기, 이 순간) 주님과 함께함으로 영생을 누리는 존재입니다.

예수 그리스도는 어제나 오늘이나 영원토록 동일하시니라 히 13:8

1 시간적 관점에서의 삶을 차원적 관점의 삶으로 바꾸어 생각해보십시오.

2 '지금 여기, 이 순간'을 어떤 행위의 결과로서가 아니라 존재 자체로 즐거워해보십시오. 그리고 그것에 저항하는 당신의 마음을 부인하십시오.

part 7

신성한 건강을 누리는 삶

지금도 하나님은 치유하십니까?

어떻게 건강을 유지할 수 있습니까?

질병에는 하나님의 특별한 뜻이 있는 건가요?

부르실 때까지 건강하게 살 수 있을까요?

31

지금도
하나님은 치유하십니까?

예수님은 어제나 오늘이나 영원히 동일하시다

주님! 의학은 이전에 비할 바 없이 발달되었는데,
왜 질병은 사라지지 않고
더 많은 사람이 질병으로 고통 받고 있습니까?"

현대인의 화두는 '웰빙과 치유'라고 볼 수 있을 것입니다. 그 말은 지금 우리의 삶이 건강하지 못하고 우리가 소망하는 것을 이루지 못하고 있음을 반증한다고도 볼 수 있습니다. 우리는 모두 행복, 풍성, 기쁨, 건강을 소망합니다. 그럼에도 불구하고 세월이 갈수록 죄악이 관영하고 사람의 마음의 계획은 날로 악해지고 있습니다. 그 결과 수많은 환난과 고통 그리고 질병에 시달리는 사람들을 보게 됩니다.

일반적인 관점에서 보면 과학과 의학의 발달로 인체의 수많은 비밀이 밝혀지고 새로운 치료법이 개발되어 과거에는 죽을 수밖에 없었던 질병에 걸린 사람들이 살아나는 것을 볼 수 있습니다. 또한, 치료 방법에서도 서구의 전통적인 의학뿐만 아니라 동양의학, 보완·대체의학(CAM)까지 폭넓게 인정받고 활용되고 있으며, 치료에 접근하는 관점과 방법 역시 다양해졌습니다.

그럼에도 불구하고 과거에는 생각지도 못한 갖가지 새로운 질병들이 나타나고 있을 뿐 아니라, 나에게도 그런 질병이 찾아오지 않을까 하는 두려움과 불안으로 살아가는 사람들이 점점 더 늘어가는 실정입니다.

한편, 기독교적인 관점에서 이야기해봅시다. 우리는 성경 말씀에 따라 신앙생활을 하고 있고 하나님은 우리를 치유하는 분이시라는 것을 알고 있음에도 불구하고, 오늘날 우리가 가장 배척하고 믿지 않는 것이 바로 성경적 치유입니다. 하나님의 치유가 과학적 방식으로 증명되어야만 받아들일 수 있다는 주장과 더불어 하나님의 치유를 부정하기 위해 잘못된 신학적 이론을 주장하기도 합니다.

심지어 신유(하나님의 치유하심)를 경험하기 위해 몸부림치는 성도들을 돕기는커녕 비난함으로써 그들의 믿음까지도 흔들리게 합니다. 물론, 신유 사역의 과거를 볼 때 하나님이 보시기에 옳지 못한 일들을 행했던 사역자들도 있었고, 거짓된 치유나 미성숙한 사역자들도 있었습니다. 하지만 그렇다고 해서 하나님의 치유 자체를 부정하거나 비난하는 것은 마치 구더기가 무서워서 장을 못 담그는 것과 같은 이치입니다.

모든 고난과 질병과 고통은 인간의 직간접적인 죄 때문입니다. 죄의 삯은 사망이고, 피 흘림 없이는 죄 사함이 없습니다. 이것은 영구불변한 하나님의 법칙입니다. 우리가 마귀에게 속아 죄를 지음으로써, 우리 자신의 죄뿐만 아니라 우리로 인한 피조 세계의 죄악으로 인해 우리는 고통을 받고 죽게 됩니다.

하나님께서는 우리가 아직 죄인 되었을 때 우리를 다시 자녀 삼으시기 위해서 예수 그리스도를 보내주셨고(롬 5:8), 그분이 우리의 모든 죄를 담당하시고, 마귀로부터 자유하게 하시고, 율법의 저주로부터 놓임을 받게 하셨습니다(사 53:4-6). 신유는 예수 그리스도로 인하여 우리가 신성한 새로운 피조물로 재창조되었고, 하나님의 나라가 임했다는 것을 알려주는 증거입니다(마 9:35).

그리스도인들은 하나님의 생명 안에서 하나님이 허락하

신 연수 동안 강건함을 누려야 하고 보여주어야 합니다. 설령 질병에 걸렸다 할지라도 하나님의 능력으로 치유함을 받는 것은 복음을 전하는 강력한 수단이 됩니다.

지금 당신의 혼과 육에 문제가 있다면 주의 말씀을 믿고 기도해보십시오. 지금 이 순간에도 수많은 사람이 신유를 경험하고 있으며, 그것을 통하여 살아 계신 하나님을 알게 되고, 예수 그리스도를 증거하고 있습니다.

> 이는 선지자 이사야를 통하여 하신 말씀에 우리의 연약한 것을 친히 담당하시고 병을 짊어지셨도다 함을 이루려 하심이더라 마 8:17

> 친히 나무에 달려 그 몸으로 우리 죄를 담당하셨으니 이는 우리로 죄에 대하여 죽고 의에 대하여 살게 하려 하심이라 그가 채찍에 맞음으로 너희는 나음을 얻었나니 벧전 2:24

적용

1 지금 당신은 질병으로 고통 받고 있습니까?

2 유튜브에 '손기철 장로' 또는 '헤븐리터치'를 검색하고 선
포되는 주의 말씀을 들어보십시오.

예수 그리스도의 구원 사역은
영원히 존재합니다.
그 구원에는 영혼의 죄 사함뿐만 아니라
질병의 치유도 포함됩니다.

32

어떻게 건강을
유지할 수 있습니까?

날마다 주님의 피와 살에 동참하라

주님! 몸 여기저기가 아프고,
작은 일에도 짜증이 나고 무기력해집니다.
어떻게 해야 매일 건강한 삶을 살 수 있을까요?

그리스도인 중에도 사는 동안 당하는 질병이나 고통을 자연스럽고 당연한 일이라 여기면서, 하나님은 선하신 분이기 때문에 우리가 간구하면 그 질병을 때때로 치유하시기도 한다는 정도로 믿는 사람이 있습니다. 그러나 이러한 생각은 구약적 사고방식이며, 우리가 예수 그리스도 안에 있다면 단호히 배격해야 할 사고방식입니다. 우리는 예수 그리스도 안에서 그분이 주신 영생을 누려야 합니다.

물론 알 수 없는 문제로 고통을 당할 수 있지만, 우리의 잘못된 믿음으로 질병과 고난과 고통 속에 산다면 참으로 어리석은 일일 것입니다.

> 그가 찔림은 우리의 허물 때문이요 그가 상함은 우리의 죄
> 악 때문이라 그가 징계를 받으므로 우리는 평화를 누리고
> 그가 채찍에 맞으므로 우리는 나음을 받았도다 우리는
> 다 양 같아서 그릇 행하여 각기 제 길로 갔거늘 여호와께
> 서는 우리 모두의 죄악을 그에게 담당시키셨도다
> 사 53:5,6

우리가 육체 가운데 살 때는 예수 그리스도 안에 있는
믿음으로 살아야 합니다(갈 2:20). 하나님께서는 (현실적으
로 발생한) 병을 치유하는 분이실 뿐 아니라 우리가 (본질적
으로) 병들지 않도록 온전케 하신 분입니다. 이 진리를 믿
음으로 받아들여야 합니다. 그래서 하나님의 생명이 믿는
우리의 혼과 육에 풀어짐으로 신성한 건강(sacred health)
을 누리며 살아야 합니다. 그것이 하나님의 뜻입니다.

> 주의 도를 땅 위에, 주의 구원을 모든 나라에게 알리소서
> 시 67:2

사랑하는 자여 네 영혼이 잘됨같이 네가 범사에 잘되고
강건하기를 내가 간구하노라 요삼 1:2

우리가 그리스도인으로서 신성한 건강을 드러내는 온전
한 삶을 살기 위해선 첫 번째, 우리 안에 하나님의 생명, 즉
영생(eternal life)이 있으므로 죽을 몸도 살리신다는 것을
믿어야 합니다. '죽을 몸'이란 하나님의 통치를 받지 않는
육체를 말하고, '살리신다'는 것은 하나님의 통치를 받을
때 강건해진다는 뜻입니다.

예수를 죽은 자 가운데서 살리신 이의 영이 너희 안에 거
하시면 그리스도 예수를 죽은 자 가운데서 살리신 이가
너희 안에 거하시는 그의 영으로 말미암아 너희 죽을 몸
도 살리시리라 롬 8:11

두 번째, 하나님께서 우리의 혼과 육을 통치하도록 모든
일에 우리 자신을 내어드리면, 성령께서 우리를 매순간 새
롭게 하고 계신다는 것을 받아들여야 합니다. 제발 당신이
현재 온전치 못하기 때문에 새롭게 해달라고 기도하지 말

고, 하나님께서 계속적으로 새롭게 하고 계시다는 것을 받아들이십시오.

만일 우리가 성령으로 살면 또한 성령으로 행할지니 (Since we are living by the Spirit, let us follow the Spirit's leading in every part of our lives, NLT) 갈 5:25

세 번째, 예수님은 지금도 우리의 죄만 사하시는 것이 아니라 우리의 연약함을 친히 담당하시고 병을 짊어지고 계신다는 것을 기억해야 합니다. 약함과 질병을 치유해달라고 간구하는 대신 그 약함과 질병을 주님께 드리는 것이 무엇인지를 아십시오.

친히 나무에 달려 그 몸으로 우리 죄를 담당하셨으니 이는 우리로 죄에 대하여 죽고 의에 대하여 살게 하려 하심이라 그가 채찍에 맞음으로 너희는 나음을 얻었나니 벧전 2:24

이러한 삶은 성찬의 의미와 동일합니다. 그분의 살을 먹

자신을 십자가에 못 박는 것은 알면서
자신의 질병을 주님께 드리지 못하는 자는
하나님의 속죄에 따른 대속이 무엇인지 모르는 자입니다.

고 피를 마시지 않는 사람은 하나님의 생명이 없고, 예수 그리스도 안에 있을 수 없습니다. 그렇다면 어떻게 하는 것이 그분의 살을 먹고 피를 마시는 것입니까? 그것은 우리의 죄와 질병과 고통을 짊어지시고 담당하신 그분께 우리의 죄와 질병과 고통을 드리는 것입니다. 성찬 안에 기독교 복음의 핵심이 있습니다.

내 살을 먹고 내 피를 마시는 자는 내 안에 거하고 나도 그의 안에 거하나니 살아 계신 아버지께서 나를 보내시매 내가 아버지로 말미암아 사는 것같이 나를 먹는 그 사람도 나로 말미암아 살리라 요 6:56,57

1 매일 주님께 기도하는 내용이 무엇입니까?

2 하나님께 얻어내기 위한 것보다 드려야 하는 것이 무엇인지를 살펴보십시오!

33

질병에는 하나님의
특별한 뜻이 있는 건가요?

치유하시는 것이 하나님의 뜻이다

주님! 저는 대장암 3기입니다.
정말 믿음을 가지고 기도했지만 아무런 차도가 없습니다.
이 질병은 하나님께서 제게 주신
사도 바울의 가시와 같은 것이라고 믿습니다.
이 질병을 주신 하나님의 뜻을 제가 알 때까지
하나님께서 이 병을 제게서 거두어가지 않으실 줄도 압니다.

오늘날 잘 알려진 질병의 대부분은 과학의 발달로 다양한 차원에서 그 원인이 밝혀졌습니다. 그러나 우리는 질병과 죽음을 성경적 관점에서 볼 줄 알아야 합니다. 인간은 사탄에게 속아 자신의 위치를 버리고 하나님께 반역했고, 그 결과 하나님의 영적 생명이 떠남으로써 하나님이 본래 지으신 대로 살 수 없고, 하나님의 본성을 나타낼 수 없게 되었습니다.

한 인간 아담의 죄는 모든 인간에게 전가되었으며, 그

결과 모든 인간은 죄 가운데서 태어났고 사탄은 합법적인 권세와 능력을 가지고 인간을 파괴했습니다. 사탄의 본성을 지닌 인간은 자기 마음과 육신이 원하는 대로 살게 되었으며, 이것이 인간의 마음과 육신의 질병, 유전자의 돌연변이, 환경 파괴, 잘못된 관계, 식습관과 생활습관의 변질 등의 근본적인 원인이 되었습니다.

질병이란 죄와 마귀의 통치로 인한 전인적인 인간의 손상을 의미하며, 결국 우리를 죽음으로 몰아갑니다. 아담과 하와의 죄는 하나님과의 관계 단절이란 영적 죽음과 동시에 흑암의 권세 아래 혼과 육이 죄를 지음으로써 육체적인 죽음을 초래했습니다. 즉, 질병은 우리가 죄 아래 있는 이상 피할 수 없는 결과로 발생된 것입니다. 반대로 생각하면, 죄가 없다면 질병도 없다는 말이지요. 하나님나라에는 질병도, 죽음도 없습니다.

창세기와 요한계시록의 말씀을 살펴보면, 인간을 창조하신 하나님의 목적에 질병과 죽음과 고통이 없었음을 알 수 있습니다. 이런 관점에서 볼 때, 하나님은 인간의 죽음과 질병의 원인 제공자가 아니십니다. 하나님께서는 우리가 온전하기를 원하십니다.

죽음과 질병의 원인을 제공한 것은 인간이 하나님을 거부하도록 속인 사탄과 그의 거짓말에 넘어간 인간이 지은 죄와 죄악입니다. 결국 인간이 하나님의 법 밖에 사는 것, 즉 죄를 짓는 것과 세상을 통치하는 사탄의 권세는 질병과 고통과 불가분의 관계에 있다고 할 수 있습니다. 사탄은 지금도 우리를 죽이기 위해 혈안이 되어 있습니다. 이렇듯 질병의 궁극적인 원인은 직간접적인 죄 때문입니다.

이를 크게 네 가지로 나누어 설명할 수 있습니다.

첫 번째, 자신이 의도적으로 지은 죄 때문입니다.

두 번째, 고의는 아니지만 자신도 모르는 사이에 지은 죄 때문입니다.

세 번째, 자신과는 상관없지만 죄와 저주 가운데 거하기 때문입니다(죄의 연대성과 집단성의 영향, 죄로 더럽혀진 환경).

네 번째, 세상에 여전히 존재하는 죄의 세력 때문입니다.

즉, 우리의 질병이 직간접적인 죄 때문이긴 하지만, 그렇다고 그 정확한 원인이 모두 밝혀질 수도 없으며 나와 직접적인 상관관계가 없는 경우도 많습니다. 예를 들어, 유전적인 질병, 죄악 된 사회, 오염된 환경 등에서 기인한 경우 등 말입니다.

분명한 것은 하나님께서 법을 만드셨고, 그 법을 벗어날 때 자연적 법칙의 결과로 일어나는 것들이 질병과 고통이란 것입니다. 이는 곧 하나님의 법 바깥쪽은 사탄의 권한에 속한다는 말입니다. 질병이 우리를 죄에서 돌이켜 하나님께로 향하게 하기에 '저주 속에 감춰진 축복'이라고 생각하는 것은 성경을 잘못 이해한 것입니다.

　예수님은 많은 치유 사역을 베푸시는 동안 한 번도 질병을 축복이라고 말씀하신 적이 없습니다. 질병 자체는 하나님이 주신 복도, 영광도 아닙니다. 단지 죄의 직간접적인 영향 아래 사는 인간이 맞게 된 자연스런 결과일 뿐입니다. 그러나 죄에서 떠나 병 고침을 받는 것은 분명히 하나님의 은혜입니다. 공의로우신 하나님의 사랑을 체험하는 것이 신유입니다! 하나님이 베푸시는 치유는 하나님의 본체이신 아들 예수 그리스도를 십자가에 못 박으실 정도로 우리에 대한 사랑을 보여주시는 증거이기 때문입니다.

　질병이 치유되지 않는다면 신유에 대해서 더 알아보고, 더 큰 믿음으로 기도하십시오. 설령 그 질병으로 죽는다 할지라도 그때까지 믿음을 놓지 마십시오.

그러므로 한 사람으로 말미암아 죄가 세상에 들어오고 죄로 말미암아 사망이 들어왔나니 이와 같이 모든 사람이 죄를 지었으므로 사망이 모든 사람에게 이르렀느니라 롬 5:12

1 당신의 질병을 사도 바울의 가시라고 생각하지 마십시오. 만약 그렇게 생각한다면, 하나님의 족한 은혜를 경험한 적이 있습니까? 그리고 주님의 음성을 세 번씩이나 들어본 적이 있습니까?

2 신유에 대한 하나님의 마음과 기도에 대해서 더 알고 싶으면, 《치유기도》, 《하나님의 힘으로 병이 낫는다》(규장)를 읽어보십시오.

당신을 질병 안에 거하게 하는 것이
하나님의 특별한 뜻이란 말입니까?

질병은 당신을 향한 하나님의 특별한 뜻이 아닙니다!
하나님은 우리를 온전케 하는 분이십니다.

34

부르실 때까지
건강하게 살 수 있을까요?

알로스테시스(allostasis)를 이해하라

주님! 제 삶의 모든 부분이 조화롭고 균형 잡히게 하고 싶지만,
언제나 고장 난 부분이 생깁니다.
모든 면에서 '샬롬'을 누리는 방법은 무엇입니까?

모든 생명체는 좋은 환경뿐만 아니라 그렇지 못한 환경에
서도 죽지 않고 잘 살아갑니다. 생명체의 본질적인 삶은
크게 동일한 종족을 번식시키는 종족 유지현상과 환경에
적응하는 개체 유지현상으로 나누어 생각해볼 수 있습니
다. 예를 들어, 전자는 생식과 유전, 적응과 변이 등으로,
후자는 생장과 발육, 물질대사, 반응성과 항상성으로 생
각해볼 수 있습니다.

혹독한 환경 가운데서도 생명체가 살아남는 것을 관찰
한 과학자들은 과거에 모든 생명체는 무생물과 달리 외부

환경으로부터 주어지는 모든 자극에 대해서 각자 내부의 환경을 일정하게 유지하는 시스템을 갖추고 있다고 믿었고, 그것을 '항상성'(homeostasis)이라고 불렀습니다. 이는 어떤 외부 자극에도 일정한 값으로 다시 원상 복구시켜 내부의 안정성을 유지하는 시스템을 말합니다.

그러나 좁은 의미에서 모든 시스템에 항상성이 존재하지만, 생명체의 개체 유지현상은 항상성이라는 개념만으로 설명할 수 없다는 것을 알게 되었습니다. 즉 생명체는 어떤 외부 환경의 변화에 대해서 내부 환경이 항상 정해진 일정한 값으로 원상 복구되는 것이 아니라, 언제나 다른 요인들에 의존된 변화를 동반하면서 유지된다는 것이 밝혀진 것입니다. 한마디로 생명체의 내부 환경은 다양한 요소의 변화에 따른 가변적 동적 평형상태(dynamic equilibrium)에 있는 시스템이라는 것입니다.

이런 현상을 이해하기 위한 가장 쉬운 모델은 어릴 때 보았던 모빌입니다. 모빌은 겹쳐진 막대의 끝에 여러 가지 모형들을 철사나 실로 매달아 균형을 이루게 한 것인데, 바람이 불거나 손으로 살짝만 만져도 모빌이 전체적으로 균형을 이루기 위해 미묘하게 움직이는 것을 보았을 것입니다. 모빌의 모형 한 개만 건드려도 모든 모형이 다 움직이면서 균형을 유지해나가며 한 순간도 고정된 상태로 존재하지 않습니다.

이처럼 생명체의 내부 환경도 고정된 값으로 되돌아가는 것이 아니라, 다양한 외부 환경에 대해 내부의 여러 시스템이 가변적으로 움직여가며 전체적인 균형을 유지해나가는 일종의 흐름입니다. 실제로 생명 현상은 구성성분의 구조적 총합 그 이상이며, 성분이나 요소들 상호 간에 만들어내는 전체적인 흐름입니다. '알로스테시스'(allostasis)라는 말은 생명체 내외부의 자극에 대하여 다양한 시스템의 동적 변이를 통한 안정성 유지를 의미합니다.

기존에 많이 사용되었던 '항상성'이 어떤 자극에 대해서 국소적인 특정 피드백 사이클 내에서의 균형, 회복만을 의미했다면, '알로스테시스'는 어떤 자극에 대해 신체 내의 자율신경계, 내분비계, 심혈관계, 신진대사, 면역계뿐만 아니라 마음의 생각과 감정 등을 포함한 영·혼·육의 모든 체계가 협응하여 자극에 대한 새로운 균형을 만들어가는 역동적인 조절 과정을 의미합니다.

삶은 자극에 대해서 영·혼·육의 모든 시스템이 끊임없이 알로스테시스하는 것이라고 볼 수 있습니다. 그러나 자극이 지나치게 심하거나 지속될 때는 일종의 과부하가 걸리게 되고, 그렇게 되면 알로스테시스가 정상적으로 작동하지 못하고 질병을 유발하게 됩니다. 과학적 용어로는 '알로스테시스 과부하'라고 부릅니다. 이렇게 어려운 과학 이야기를 하는 이유가 무엇일까요? 다음 세 가지를 이야기하고 싶기 때문입니다.

첫 번째, 인간은 개인적으로는 영·혼·육, 혼의 생각, 감정, 의지, 육신의 운동, 식습관, 휴식, 그리고 사회적으로는 매일의 삶에서 일, 만남, 시간, 재정, 건강, 시간 등이 어우러져 '알로스테시스'하고 있다는 것입니다.

두 번째, 우리가 무엇인가 새로운 생각을 하고 행동할 때마다 그 자체뿐만 아니라 영·혼·육 모두에 알로스테시스가 일어난다는 것입니다. 따라서 삶을 환원주의적 사고방식(reductionism: 각 부분의 메커니즘을 밝혀내면 전체를 이해할 수 있다고 믿는 패러다임)이 아니라 전일주의적 사고방식(holism: 생명을 각 구성요소의 합계가 아니라 하나의 통합된 전체로 이해해야 한다는 패러다임)으로 보아야 합니다. 하나님의 영 안에서 생명인 말씀이 우리 안에 운행할 때 우리의

긴장과 스트레스는
영·혼·육의 알로스테시스 과부하의 주범이지만,
의와 평강과 희락은
영·혼·육의 알로스테시스를 이루는 핵심입니다.

영·혼·육과 삶에서 알로스테시스가 유지되는 것입니다.

세 번째, 어느 한곳에 '알로스테시스 과부하'가 나타나면 모든 것이 어그러지고 마침내 약한 부분에 질병이 나타나게 된다는 것을 알아야 합니다. 따라서 항상 자신을 살펴보고 알로스테시스 과부하가 걸리지 않도록 해야 합니다. 아무리 가벼운 물건이라도 오래 들고 있으면 무거워지고 감당하기 어려워집니다. 우리 삶의 어느 부분에라도 알로스테시스 과부하가 걸리지 않도록 늘 깨어 있어야 하고, 호미로 막을 것을 가래로 막는 일은 없어야 합니다.

> 평강의 하나님이 친히 너희를 온전히 거룩하게 하시고 또 너희의 온 영과 혼과 몸이 우리 주 예수 그리스도께서 강림하실 때에 흠 없게 보전되기를 원하노라 **살전 5:23**

1 당신은 오늘도 '알로스테시스' 상태를 유지하고 있습니까?

2 과부하가 걸리는 부분이 있다면, 빨리 주님 앞에 나아가 해결 받으십시오.

part 8

부요함을 누리는 삶

주님, 저는 왜 가난합니까?
바벨론의 땅에서 어떻게 살아야 합니까?
번영신앙은 무엇이며, 왜 잘못되었습니까?
부에 대해서 하나님나라의 복음은 뭐라고 말합니까?

35

주님,
저는 왜 가난합니까?

부자가 될 수 없는 이유를 알아라

주님! 저도 부자가 되고 싶습니다.
주님이 로또 1등에 당첨되게 해주시면 제일 먼저 십일조 드리고,
아프리카 난민들과 교회 신축을 위한 헌금도 하겠습니다.
그리고 우리 집 대출금 갚고
남은 돈으로 조그만 카페를 열고 싶습니다.

최선을 다해서 하나님을 섬겼지만, 지금 여전히 재정적으로 묶여 있습니까? 그렇다면 우선 다음 질문에 대해 당신이 평상시 가지고 있는 생각을 다시 한번 정리해보십시오. 당신 마음에 가득 찬 생각은 믿음이 되고, 그 믿음대로 당신은 당신의 현실을 창조하기 때문입니다. 성경적인 올바른 답을 가져야 합니다.

　　스스로 속이지 말라 하나님은 업신여김을 받지 아니하시

나니 사람이 무엇으로 심든지 그대로 거두리라 갈 6:7

첫 번째, 당신이 매일 직장에 다니며 평범한 삶을 살고 있다면 일상에서 당신을 가장 압박하는 것은 무엇입니까? 아마도 늘 부족한 시간, 직장 상사와의 관계, 그리고 돈 중의 하나가 아닐까 생각됩니다. 돈이 없어서 불행하다고 생각하십니까? 돈이 없어서 불편할 수는 있지만 불행하다면 당신은 지금 잘못된 믿음을 가지고 있습니다.

두 번째, 그리스도인으로서 당신의 삶에서 가장 중요한 것은 무엇입니까? 대부분의 그리스도인은 돈이 필요하지만 중요하지는 않다고 생각합니다. 그런데 돈이 중요하지 않다고 여긴다면 당신은 결코 부유한 삶을 살 수 없을 것입니다. 지금 저는 두 주인 중에 하나를 선택하라는 말이 아니라, 당신 인생에 돈이 정말 중요한가를 물어본 것입니다.

세 번째, 학교에서 배운 적이 없는 것 세 가지만 말해보십시오. 우리가 십수 년을 학교에 다니지만, 학교에서는 결혼 생활 잘하는 법, 자식 잘 키우는 법, 그리고 돈 잘 버는 법에 대해 배운 적이 없습니다. 그렇다면 당신은 돈 없음을 탄식하는 대신에 돈 문제를 해결하기 위해서 성경적 재정에 대해 공부해본 적이 얼마나 있습니까?

네 번째, 당신은 지금은 돈이 없어서 구제하는 데 헌금을 할 수 없지만, 만약 당신에게 일억 원이 생긴다면 오천만 원을 헌금할 수 있다고 생각합니까? 지금 가진 적은 돈에서도 구제 헌금을 할 수 없는데, 큰 돈이 생긴다고 해서 헌금할 수는 없습니다. 왜냐하면 사람들은 돈의 적고 많음으로 판단하지만, 사실은 마음의 태도이기 때문입니다. 지금 백만 원의 수입 중에 십만 원도 주를 위해 쓰지 못한다면 일억이 생겨도 마찬가지입니다.

다섯 번째, 당신에게 지금 10억이 생기면 무엇을 하겠습니까? 많은 그리스도인들이 십일조, 헌금, 구제와 봉사 등 고상한 곳에 돈을 사용하고 자신을 위해서는 아무것도 쓰지 않겠다는 마음을 가집니다. 그러나 지금 당신이 하고 있는 일도 하나님의 일임을 알아야 합니다. 그 일에 투자할 줄도 알아야 합니다. 이 땅에 주의 뜻을 이루는 데 투자하지 않고는 하나님께서 축복해주실 길이 없다는 것을 깨달아야 합니다.

여섯 번째, 하나님을 신뢰하는 영역 중에서 가장 낮은 믿음을 보이는 영역은 무엇입니까? 대부분의 경우 돈과 물질에 대한 영역입니다. 실제로 열심히 믿음 생활을 하고 시간과 몸을 아끼지 않으면서 주의 일을 행하는 사람도 돈과 물질에 매여 있는 것을 보게 됩니다. 실제 돈과 물질에 대한 믿음의 정도는 삶의 다양한 영역 중 가장 낮은 수준입니다. 당신의 모든 소유와 물질이 하나님의 것이라고 정말로 믿습니까?

일곱 번째, 당신은 지금 비록 돈은 없지만 부자라고 생각합니까? 대부분의 경우 돈이 없기 때문에 부자가 아니라고 생각합니다. 또한 현재 처한 상황에 기초하여 자신은 아무리 노력해도 부자가 못 될 것이라고 믿고 있는 사람들이 대부분입니다. 하나님께서는 우리가 기대하거나 믿고자 하는 것을 이루어주시지 않습니다. 우리 마음에 이미믿은 것 그리고 심은 것을 이루어주시는 분이십니다. 당신이 부자가 아닌 것을 마음에 심었는데 어떻게 부유함을 수확할 수 있겠습니까?

이제 돈과 물질에 대한 마음을 새롭게 하십시오. 돈을 소중하게 여기지 않고는 풍성한 삶을 살 수 없습니다. 돈에 대해 배우지 않고서 돈을 벌 수는 없습니다. 돈 자체가 악이 아니라, 돈을 사랑하는 것이 일만 악의 뿌리입니다. 지금부터는 돈을 사랑하는 대신 돈을 소중히 여기고, 물질에 대한 청지기 사고방식을 배우십시오.

> 돈을 사랑함이 일만 악의 뿌리가 되나니 이것을 탐내는 자들은 미혹을 받아 믿음에서 떠나 많은 근심으로써 자기를 찔렀도다 **딤전 6:10**

적용

1 당신의 마음이 물질에 있는지 아니면 그 물질을 주시는 하나님께 있는지를 자문해보십시오.

2 지금의 상황과 상관없이 부요의식을 가지십시오.

우리가 하나님을 섬길 때
돈은 하나님의 권세와 능력을 나타내지만,
우리가 맘몬을 섬길 때
돈은 악한 영의 권세와 능력을 나타냅니다.
돈을 사랑하는 대신에 돈을 소중히 여기십시오.

36

바벨론의 땅에서
어떻게 살아야 합니까?

먼저 돈의 흐름을 이해하라

주님, 세상은 너무나 불공평한 것 같습니다.
날 때부터 삶의 수준이 결정되고,
아무리 노력해도 잘 살 수 없는 구조인 것 같습니다.
어떻게 하면 세상 금융 시스템의 부속품 같은 삶에서
벗어날 수 있을까요?

세상의 돈과 재물의 95퍼센트는 고작 5퍼센트의 사람들에게 집중되어 있습니다. 그리고 나머지 95퍼센트의 사람들은 남은 5퍼센트의 돈을 차지하기 위해서 몸부림치고 있습니다.

그래서 대부분의 사람들은 95퍼센트의 재물을 가진 5퍼센트의 사람들을 바라보며, 그들과 같은 삶을 꿈꿉니다. 그러나 이러한 허황된 욕망은 그 사람을 부자로 만들어주는 것이 아니라, 그 부자의 종이 되도록 만들었습니다. 왜냐하면 그들로부터 돈을 버는 것을 배우기보다는 그들처럼 소비함으로써 자신들의 욕구를 채우기에 바쁘기 때문입니다.

한편, 5퍼센트의 사람들은 95퍼센트의 사람들과는 다른 생각을 하며 삽니다. 그들은 돈이 자신들을 위해서 일하는 법을 연구하고 그것을 이 세상에 적용시킵니다. 95퍼센트를 돈을 가지고 있는 5퍼센트의 사람들은 5퍼센트의 돈을 가지고 있는 95퍼센트의 사람들이 더 소비할 수 있는 물건이나 문화를 만들어내는 것이지요. 예를 들면, 핸드폰, 자동차, 영화, 게임 등 편리함, 욕구 충족, 시간을 보낼 수 있는 것, 행복감을 느끼는 것들을 만들어냅니다.

95퍼센트에 해당되는 사람들은 열심히 일하지만, 결국 소비를 부추기는 시스템 안에서 자신이 번 돈의 대부분을 소비하게 됩니다. 그 결과는 무엇입니까? 아무리 돈을 더 벌어도 그 이상의 돈을 소비하는 데 사용함으로써 결국은 그 시스템 안에서 벗어나지 못하게 되는 것입니다.

생각해보십시오. 우리는 살면서 새 집, 새 차, 좋은 가전제품, 회원권, 집 대출금, 차 할부금, 신용카드 대금, 회비 등을 지불해야 합니다. 우리가 더 누리고 더 편안하게 살고자 하면 할수록 더 많은 돈이 필요하고, 그 돈을 벌기 위해서 더 일해야 하고, 그 결과 자신들도 모르는 사이에 맘몬에 묶이게 되는 것입니다.

지금은 신용 사회라고 하지만 사실은 마귀가 통치하는 세계에서 살고 있으며, 그것이 바로 마귀의 전략이라는 것을 아는 사람들이 별로 없습니다. 마귀는 돈을 가진 자가 더 많은 돈을 벌 수 있도록, 돈을 빌려주고 이자를 받아내는 방법을 계속적으로 개발하게 하였습니다. 그래서 우리는 대출 시스템을 통해 자동차, 주택 등 원하는 것을 구입할 수 있게 되었지요.

언뜻 보기에는 좋은 시스템 같지만, 장기적으로는 당신을 부채 가운데 몰아넣고 더 돈을 벌기 위해서 열심히 일할 수밖에 없는 시스템을 만든 것입니다.

그 결과가 무엇입니까? 5퍼센트의 부자들에게 돈을 더 벌어주는 것 아닌가요? 이런 일들은 가정, 회사, 심지어 교회 다니는 그리스도인들에게도 일어납니다. 돈을 더 벌기 위해서 더 많은 시간을 일합니다. 그러면서 신앙도 잃어버리고 하나님과도 점점 더 멀어집니다. 먹고 살기 바빠서 그렇습니다.

이러한 시스템만 문제가 되는 것은 아닙니다. 세상의 많은 사람이 굶주리는 것은 세상에 물질이나 돈이 부족하기 때문이 아닙니다. 분배의 불균형 때문입니다. 현재 자본주의의 가장 큰 문제는 부를 나눔으로써 서로 잘 사는 세상을 만드는 것이 아니라, 빈익빈 부익부가 심화되어간다는 점입니다. 우리는 이러한 사회에 막연한 분노를 가지기에 앞서 금융과 부의 시스템을 제대로 깨달아야 합니다.

누군가는 이러한 시스템을 바꾸어야 합니다. 그러기 위해서는 혁명을 해야 합니까? 아닙니다. 먼저 그 시스템에 묶여 살고 있는 자신을 발견하고 어렵게 살더라도 먼저 그 시스템에서 벗어나야 합니다. 그리고 하나님이 주시는 부를 창출하는 법을 배워야 합니다!

현재 교회는 성도의 삶에 가장 절실하고 실제적인 이러한 부분에 복음을 어떻게 적용하는가에 대해서 잘 알지도 못하고 가르치지도 않는 것 같습니다. 이제는 복음 안에서 돈과 물질을 나누고 다스리는 법뿐만 아니라, 하나님 나라의 방식으로 부를 창출하는 법을 배워야 합니다. 청빈이 결코 거룩함이 될 수 없다는 것을 알아야 합니다. 그렇지 않으면 세상 사람들처럼 똑같이 살면서 늘 돈의 노예

모든 부와 번영의 근원은 하나님이십니다.
청지기 직분을 회복하십시오!
돈과 물질을 다스리는 권세를 회복하십시오!
하나님의 부를 창출하는 법을 배우십시오!

로, 맘몬의 노예로 살 수밖에 없습니다.

네 하나님 여호와를 기억하라 그가 네게 재물 얻을 능력을 주셨음이라 이같이 하심은 네 조상들에게 맹세하신 언약을 오늘과 같이 이루려 하심이니라 신 8:18

1 부요함을 누리는 첫 단계는 먼저 모든 빚을 청산하는 것입니다. 두 번째는 당신이 하나님의 부를 창출할 수 있다고 믿는 것입니다.

2 지금 하는 일로 어떻게 하면 하나님의 부를 창출할 수 있는지를 생각해보십시오.

37

번영신앙은 무엇이며,
왜 잘못되었습니까?

하나님을 잘 믿으면 성공한다고 생각하기 때문이다

주님! 교회에 헌금, 구제, 봉사를 많이 하면
부자가 되고 축복 받는다고 배웠습니다.
제 딴에는 열심히 했는데 아직도 가난한걸 보면,
제가 하나님께 더 많이 드리지 못했기 때문일까요?

번영복음은 기존의 전통적 교리가 주로 영혼과 내세적 천
국에만 초점을 맞춘 것에 대한 반작용에서 비롯된 것이지
만, 이 또한 물질주의적이고 인간중심적인 사상이 되었다
는 점에서 잘못된 복음입니다. 번영복음은 이 땅에 도래한
하나님나라에서 주의 뜻을 이루어가는 '하나님나라의 복
음'을 내가 예수를 믿음으로 구원받고 축복을 누리는 '이
세상의 복음'으로 변질시켰습니다.

　번영복음의 주장은 "물질의 축복과 부의 복음은 성경에
나와 있으며, 하나님이 우리에게 물질과 부의 복을 주기 원

하신다"입니다. "하나님을 제대로 믿는다면 하나님이 주시는 축복을 누려야 한다"는 것입니다. 이러한 주장은 인간뿐만 아니라 피조 세계의 모든 것이 주님의 것이기 때문에, 그동안 우리가 물질을 포기했다면 그것 역시 하나님의 것이므로 포기해서는 안 된다는 사상에 기초하고 있습니다.

그것 자체가 잘못된 주장은 아니지만, 시간이 지남에 따라 점점 인간중심적 교리가 첨가됨으로써 참뜻이 변질되어 버렸습니다. 결국 이러한 신앙적 관점은 "예수님을 제대로 믿으면 축복 받는다", "주의 일에 헌신하면 하나님께서 복을 내리신다" 또는 "자신의 것을 나누면 번영하게 된다"는 구약적 발상, 즉 행위보상적 인과법칙에 준한 신앙생활을 강조함으로써 결국 기복주의적 신앙관으로 흐르게 되었습니다.

안타깝게도 오늘날 번영복음을 전하는 많은 분들이 교회에서 열심히 봉사하고, 십일조를 충실하게 하고, 사역을 위해 많이 헌금하면 축복 받고 부자가 될 수 있다고 말하고 있습니다. 그 결과 성도들은 헌금을 하나님의 더 큰 축복을 받기 위한 수단으로 이해하게 되었습니다. 그러나 실제로 그렇게 했지만 약속대로 이루어지지 않는 현실에 믿음 자체가 흔들리는 성도들도 많이 보게 됩니다.

이러한 번영복음이 문제가 되는 것은 여러 가지 이유가 있습니다. 몇 가지만 살펴봅시다.

첫 번째는, 성경을 인과관계로만 해석하는 우를 범하고 있다는 점입니다. 하나님께서 예수 그리스도를 통해 새 언약의 약속을 주셨고, 우리가 믿음으로 주의 말씀을 취할 때 주님이 그 일에 대해서 책임을 지신다는 관점으로 말씀을 이해하는 것입니다. 그러나 이것은 말씀이 율법에서 새 언약으로 바뀌었을 뿐, 여전히 말씀을 율법의 행위적 관점으로 보는 것에 불과합니다.

두 번째로 심각한 문제는, 번영복음의 주장이 하나님나라의 복음에 기초하지 않고, 이 땅에서 축복 받는 것으로 변질되었다는 점입니다. 하나님께서 우리에게 부를 주시는 이유는 이 땅에 주의 뜻을 이루기 위해서이지 우리 개인의 필요를 충족시켜주거나, 욕심을 채우거나, 물질을 우리가 원하는 곳에 쓰도록 하기 위해서가 아닙니다.

세 번째는, 하나님께서 예수 그리스도를 통하여 이 땅에서 모든 그리스도인의 물질적 축복과 육체적 평안을 약속하셨으며, 그것을 누리지 못하는 것은 성경에 대한 무지 또는 믿음의 부족 때문이라고 보는 점입니다. 즉, 잘 믿으면 성공하고 축복받아야 한다는 논리입니다. 이것은 인간 중심의 성공지상주의적 관점이지 복음과는 아무런 상관이 없습니다. 우리는 성공을 위해서 사는 것이 아니라, 하나님의 뜻을 이루기 위해서 삽니다.

다시 한번 말하자면, 번영복음이 우리의 구속이 단지 영혼의 죄 사함에만 있으며 다른 모든 영역은 내세로 돌리는 전통적 청빈복음에서 벗어나게 했다는 점에서는 긍정적입니다. 그러나 하나님의 약속에 대한 잘못된 해석(성공 공식화)이나 긍정적 믿음 운동의 도용은 복음을 기복적이거나 탐욕적인 인간 중심적 신앙으로 변질시켰습니다.

오늘날 교회의 세속화가 바로 번영복음에서 기인된 것이라 해도 과언이 아닙니다. 이런 문제들 때문에 기독교 내에서 무소유를 주장하는 사람들까지도 생겼습니다. 무소유는 예수님의 가르침과 전혀 일치하지 않습니다. 무소유는 자신을 거룩하게 할 수 있어도, 세상을 바꿀 수 없습니다. 우리는 청지기 직분으로 하나님께서 주신 부요함을 올바르게 감당해야 합니다.

하나님을 잘 믿으면 축복받는다는 것은
새 언약을 구약적으로 해석한 것입니다.
모든 은혜가 이미 나에게 주어졌다는 것을 알 때
새로운 삶이 시작됩니다.
복음은 받아내는 것이 아니라 이루는 것입니다.

그러나 네가 마음에 이르기를 내 능력과 내 손의 힘으로 내가 이 재물을 얻었다 말할 것이라 신 8:17

네가 이 세대에서 부한 자들을 명하여 마음을 높이지 말고 정함이 없는 재물에 소망을 두지 말고 오직 우리에게 모든 것을 후히 주사 누리게 하시는 하나님께 두며 선을 행하고 선한 사업을 많이 하고 나누어 주기를 좋아하며 너그러운 자가 되게 하라 딤전 6:17,18

1 우리는 믿음으로 복 받는 존재가 아니라, 믿음으로 주의 뜻을 이루는 존재입니다.

2 주님께 드리는 기도를 새롭게 바꾸어보십시오. 하늘에서 이미 이루어진 실상과 증거를 이 땅에 나타내도록 선포해 보십시오.

38
부에 대해서 하나님나라의 복음은 뭐라고 말합니까?

주님의 뜻을 이루도록 부를 주신다

주님! 하나님나라의 복음이 말하는 풍성함이
저의 카드 빚과 대출금도 갚아줄 수 있는 것인지 궁금합니다.
이 땅에서 누리는 풍성한 삶이란 무엇을 뜻하는 것인지요?

우리는 청빈복음과 번영복음의 잘못된 점을 깨닫고 이 땅
에 도래한 하나님나라의 복음으로 무장해야 합니다. 하나
님나라의 복음에 있어 가장 중요한 것은 도래한 하나님의
나라와 의를 구함으로써, 우리가 더 이상 자신을 위한 삶
이 아니라 하나님의 뜻을 이 땅에 이루어가는 존재가 되었
다는 사실을 깨닫는 것입니다.

　하나님은 우리의 모든 삶에 관심을 갖고 계시며, 우리가
온전한 삶을 살기를 원하십니다. 예수님은 우리의 영혼뿐
만 아니라 육신이 온전하기를 원하시고, 범사에 잘되기를

원하십니다.

사랑하는 자여 네 영혼이 잘됨같이 네가 범사에 잘되고
강건하기를 내가 간구하노라 요삼 1:2

혼히 우리는 두 가지 잘못된 사고방식을 가지고 있습니다. 첫 번째는 우리가 주의 약속의 말씀을 믿으면 하나님께서 무조건 축복해주신다는 기복적 신앙관입니다. 두 번째는 물질이나 재정의 문제는 하나님의 문제가 아니라 우리가 해결해야 할 개인적인 문제라고 생각하는 것입니다.

그러나 이 세상에 우리 것이란 없습니다. 모든 것이 하나님 것이고 하나님이 관리하셔야 합니다. 우리가 그 문제를 정직하게 하나님 앞으로 가져오지 못하기 때문에 자유함을 얻지 못하는 것이고, 하나님이 직접 관리하시고 재테크하지 않으시기 때문에 어렵게 된 것입니다. 이 말은 물질에 대한 이야기를 하는 것이 아니라, 우리 마음의 태도에 대해서 말하고 있는 것이니 오해하지 않기를 바랍니다.

기억해보십시오. 예수님은 "먼저 하나님나라와 의를 구하면 그 모든 것을 더하리라"라고 말씀하셨습니다. 우리는 물질을 구하기 위해서 신앙생활 하는 것이 아니라, 물질은 하나님나라와 그분의 뜻을 이루는 삶을 살기 위해서 필요한 것임을 알아야 합니다.

하나님께서는 우리에게 부를 약속하셨지만, 그것은 우리 인간의 삶을 위해서가 아니라 이 땅에 도래한 하나님나라에 주의 뜻을 이루기 위해서입니다. 하나님의 뜻을 무시한 채 단지 "믿기만 하면 다 이루어진다"라는 말은 사실이 아닙니다.

하나님의 자녀는 삶의 모든 영역에서 하나님의 뜻을 믿음으로 이루어가는 존재이지, 믿기만 하면 모든 것을 하나님으로부터 받아낼 수 있는 존재가 아니기 때문입니다. 하나님은 우리를 사랑하시고 우리를 돕길 원하시지만, 하나님이 우리의 문제를 해결하기 위해서 존재하시는 분은 아닙니다. 그분은 그분의 뜻을 이루시기 위해서 우리를 창조하시고, 지금도 그 뜻에 동참하고자 하는 자를 찾고 계십니다.

번영신앙은 믿음과 하나님의 약속에 근거한 인과관계에 기초하고 있지만, 하나님나라의 복음은 예수 그리스도께서 우리의 죄와 인간의 구원을 위해 지신 십자가에 기초한 은혜를 토대로 하고 있습니다. 하나님께서 우리를 축복하기 원하시지만, 우리가 생산, 수단, 섬김을 통해서 부를 창출하는 과정이 없다면 하나님께서 우리에게 축복해주실 방법이 없습니다.

우리에게 필요한 것은 단지 믿음으로 축복해주시기를 위해 기도만 하거나, 열심히 교회 활동만 할 것이 아니라, 사회에서 생산, 수단, 섬김의 과정에 열심히 참여하는 것입니다. 즉 돈을 벌기 위해서 사회 활동을 하는 것이 아니라, 그 과정을 통해서 하나님을 나타내는 삶을 살아야 한다는 것입니다.

현재 우리가 가지고 있는 일반적인 복음관은 비록 하나님나라의 도래는 믿고 있지만, 하나님의 자녀로서 하나님나라의 삶을 실제적으로 어떻게 살아야 하는지에 대해서는 매우 모호하거나 도피적이거나 이원론적 입장을 취하고 있습니다. 특별히, 재물과 건강에 대한 입장에 있어서 더욱 그러한 것 같습니다. 기도와 헌신으로 재물과 건강을 얻어내는 삶이 아니라, 주 안에서 재물과 건강에 대한 말씀을 이루어가는 삶을 삽시다.

나의 하나님이 그리스도 예수 안에서 영광 가운데 그 풍성한 대로 너희 모든 쓸 것을 채우시리라 빌 4:19

그가 우리를 대신하여 자신을 주심은 모든 불법에서 우리를 속량하시고 우리를 깨끗하게 하사 선한 일을 열심히 하는 자기 백성이 되게 하려 하심이라 딛 2:14

1 주님으로부터 받아내는 삶과 주의 뜻을 이루어가는 삶의 차이를 이해하십시오.

2 돈을 벌어서 무엇을 하겠다는 생각 대신에 지금 살아가는 방식이 주님이 원하시는 것인지를 확인하십시오.

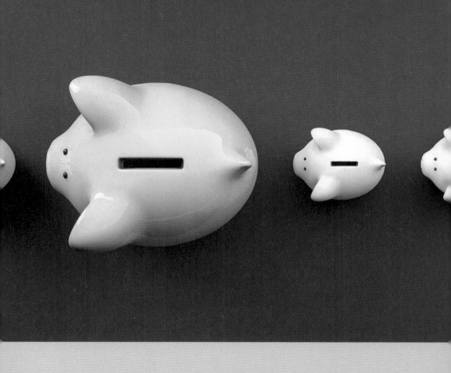

필요를 얻어내기 위해서
하나님께 떼쓰는 삶이 아니라,
이제는 하나님 안에서 그분의 모든 약속을
이 땅에 실현시키는 삶을 삽시다.

part 9

하나님의 가정을 이루라

부모님을 용서할 수 있을까요?

내 가정을 변화시킬 수 있을까요?

상처와 쓴 뿌리를 어디다 토해야 합니까?

남편을 어떻게 대해야 하지요?

아내를 어떻게 대해야 합니까?

39
부모님을
용서할 수 있을까요?

하나님 아버지를 통해서 육신의 아버지를 보라

주님, 부모님을 생각할 때마다
제게 상처 주고 학대했던 일이 생각나 분노가 납니다.
한편으로는 그래도 나를 낳아주고 길러주신 부모인데,
그 분들을 사랑하지 못하는 제 자신이
한없이 미워지기도 합니다.
이제는 정말 이 문제로부터 자유해지고 싶습니다.

이 세상에 완벽한 부모란 없습니다. 자신의 부모를 존경하고 사랑하며 자랑할 수 있지만, 그럼에도 불구하고 온전한 부모를 가질 수는 없습니다. 좋은 부모 밑에서 양육 받은 덕분에 나쁜 경험보다는 좋은 경험을 많이 했기에, 그렇게 생각할 뿐입니다. 왜냐하면 이 세상에 온전한 인간은 없으며, 의인은 없나니 하나도 없기 때문입니다(롬 3:10).

일전에 우리나라 신학계의 대학자로 존경받는 목사님의 딸이 쓴 《목사의 딸 -'하나님의 종'이라는 이름 뒤에 감춰진

슬픈 가족사》만 보아도 알 수 있습니다. 살면서 부모는 자식에게 늘 가해자로, 자식은 늘 피해자로 살아갑니다. 그렇지만 자식이 성장하여 결혼하고 자식을 낳게 되면, 피해자였던 자식은 이제 가해자로 변하게 됩니다. 죄와 죄악을, 상처와 쓴 뿌리를 대물림하게 되는 것입니다.

대체적으로 자식은 육신의 부모에 대해서 양가감정을 가지게 됩니다. 낳아주시고 길러주신 은혜에 다할 수 없는 감사도 하지만, 부모에게 받은 직간접적인 학대로 인한 두려움과 불안감도 있습니다. 또한 당연히 주어져야 함에도 없었던, 사랑받지 못하고 인정받지 못한 것에 대한 거절감과 그에 따른 공허함 등을 느끼게 됩니다.

우리는 이러한 육신의 부모와의 관계가 예수 그리스도를 믿고 난 후에 하나님 아버지와의 관계에도 영향을 미치는 것을 보게 됩니다. 역기능 가정의 성도일수록 하나님 아버지를 제대로 알지 못하는 경우가 있습니다. 예를 들면, 늘 심판하시는 아버지, 늘 잘못된 것을 지적하시는 아버지, 늘 나를 못마땅하게 생각하시는 아버지, 늘 좀 더 잘하기를 원하시는 아버지 등등, 성경 말씀은 그분 안에서 안식을 누려야 한다고 하지만, 실제로는 그분을 피해야만 비로소 안식을 누릴 수 있을 것 같은 신앙생활을 하는 사람들이 많습니다.

하나님께서는 우리 자신과 가정을 회복시키시기 전에 먼저 우리가 하나님 아버지를 알기를 원하십니다. 그것이 바로 신앙의 비밀이기도 합니다. 영원히 사랑하시는, 언제나 함께하시는, 우리를 결코 버리지 않으시는, 우리의 모든 마음을 알고 계시는, 우리에게 모든 것을 은혜로 주시는 하나님 아버지를 알아야 합니다. 그리고 자신이 더 이상 혈통으로나 육정으로나 사람의 뜻으로 나지 아니하고, 하나님으로부터 나서 예수 그리스도 안에 있는 자임을 고백하고 체험해야 합니다.

너희는 하나님으로부터 나서 그리스도 예수 안에 있고 예수는 하나님으로부터 나와서 우리에게 지혜와 의로움과 거룩함과 구원함이 되셨으니 고전 1:30

그리고 우리는 예수 그리스도 안에서 하나님의 가족임을 알아야 합니다. 우리 안에 계신 예수 그리스도를 통하여 하나님의 가족이 무엇인지, 아버지와 어떤 관계를 가져

야 하는지 그리고 어떤 가정을 이루어야 하는지를 배워야
합니다.

> 거룩하게 하시는 이와 거룩하게 함을 입은 자들이 다 한
> 근원에서 난지라(… have the same Father, NLT) 그러므
> 로 형제라 부르시기를 부끄러워하지 아니하시고 히 2:11

그럴 때 우리는 더 이상 육신의 아버지를 통해서 하나님
아버지를 알아가는 것이 아니라, 반대로 하나님 아버지를
통해서 육신의 아버지를 알아가게 됩니다. 그렇게 될 때 비
로소 우리는 모든 상처와 쓴 뿌리로부터 벗어날 뿐만 아니
라, 직면하기 고통스러운 육신의 가정을 회복시킬 수 있게
됩니다.

안타까운 사실은 많은 성도가 하나님 아버지를 알기 전
에 자신의 부모와 관계를 새롭게 하고자 노력한다는 것입
니다. 부모에 대한 진정한 사랑과 용서는 내 안에 계신 하
나님의 사랑이 흘러나올 때 가능합니다. 하나님 아버지 안
에서 부모님을 사랑하고 용서합시다.

보라 아버지께서 어떠한 사랑을 우리에게 베푸사 하나
님의 자녀라 일컬음을 받게 하셨는가, 우리가 그러하도
다 그러므로 세상이 우리를 알지 못함은 그를 알지 못함
이라 **요일 3:1**

1 육신의 부모로부터 받은 거절감, 수치심, 학대 등으로 지
금도 고통 받고 있습니까? 예수 그리스도 안에서 한없이
사랑하시는 하나님의 사랑을 먼저 체험하십시오.

2 그리고 그 마음은 더 이상 내가 아닌 것을 깨닫고 자유하
십시다.

육의 생각은 육신의 아버지를 통해서
하나님 아버지를 보는 것이고,
영의 생각은 하나님 아버지를 통해서
육신의 아버지를 보는 것입니다.

40

내 가정을
변화시킬 수 있을까요?

먼저 당신이 영적 어린아이가 되라

주님! 제 가정과 자녀를 봅니다.
사랑하기에 잘해주고 싶은데, 그렇지 못한 것이 현실입니다.
어떻게 해야 저보다 더 나은 자녀로 키울 수 있을까요?

우리는 어디에서 무엇을 하든, 나이가 얼마나 들었든 간에 우리의 원가정을 떠날 수 없습니다. 그것이 바로 인간입니다. 새벽이든 밤이든, 고향이든 먼 타향 땅이든 늘 원가정의 기초 위에 지금의 가정이 자리 잡고 있습니다.

어린 시절은 이미 지나간 과거인데도 불구하고, 어떤 자극이 주어질 때면 지금 자신의 기억 속 과거를 떠올려 그때를 생각하며 기뻐하기도 하고, 슬퍼하기도 하고, 괴로워하기도 하고, 우울해하기도 합니다. 그 기억 자체가 자신이라고 생각하기 때문입니다.

사실 거듭나지 않은 사람이나 거듭난 사람 대부분이 속고 있는 거짓입니다. 흔히 우리는 기억을 먹고 산다고들 말하지만, 우리 그리스도인들은 기억하되 그 기억을 먹고 살아서는 절대로 안 됩니다. 과거는 이미 지나갔습니다. 그것은 단지 기억이라는 생각 속에만 존재할 뿐입니다. 우리는 더 이상 과거의 생각을 먹고 사는 존재가 아니라 지금 새로운 하나님의 가정(Royal Kingdom Family) 안에서 하나님의 자녀로서 하나님의 말씀을 먹고 사는 존재입니다.

우리 가정을 지키고, 우리의 자녀를 잘 키우기 위해서는 우리 육신의 나이가 얼마가 되었든 먼저 하나님의 가정에 새롭게 입양된 어린아이임을 알아야 합니다. 이것을 제대로 알기 위해서 두 가지를 생각해봅시다.

첫 번째, 당신은 하나님으로부터 태어나 예수 그리스도 안에 있으며, 그 예수 그리스도 안에서 하나님을 아버지로 둔 새로운 가정 출신이라는 사실입니다.

이는 혈통으로나 육정으로나 사람의 뜻으로 나지 아니하고 오직 하나님께로부터 난 자들이니라 요 1:13

두 번째, 육신의 나이가 얼마가 되었든 당신은 영적 어린 아이입니다. 더 이상 과거에 당신의 가정에서 배워온 것으로 생각하고 살지 마십시오. 우리는 예수 그리스도 안에서 예수님이 아버지와 어떤 관계를 유지했는지를 배워야 합니다. 그리고 우리의 소망은 '나도 예수님과 같은 하나님의 아들(딸)이 되고 싶다'가 되어야 합니다.

그런데 안타까운 사실은 우리는 늘 과거에 집착하거나 그 과거를 지우려고 애쓰며 산다는 것입니다. 하나님의 자녀로서 하나님의 가정을 경험하지 못하고, 그 아버지의 사랑과 은혜를 경험하지 못한다면, 그리고 매일 예수 그리스도를 통하여 아버지로부터 배우지 못한다면, 당신의 가정이 잘될 수 있다는 것은 거짓말입니다.

당신의 노력으로 지금의 가정을 더 좋게 해보려고, 당신의 자녀를 더 잘 키우려고 애쓰지 마십시오. 더 힘들고, 괴롭고, 문제만 일어날 뿐입니다. 먼저 당신이 새로운 하나님의 가정에서 영적 어린아이가 되어 하나님 아버지로부터 배워야 합니다. 그리고 그 새로운 지식으로 경험한 것을 가지고 현재의 가정을 보아야 합니다.

새 사람을 입었으니 이는 자기를 창조하신 이의 형상을 따라 지식에까지 새롭게 하심을 입은 자니라 골 3:10

당신이 예수 그리스도 안에서 아버지로부터 배우고 경험한 만큼 변하고, 변화된 만큼 당신의 현재 가정을 변화시킬 수 있습니다.

거룩하게 하시는 이(예수님)와 거룩하게 함을 입은 자들(우리)이 다 한 근원에서 난지라(동일한 아버지를 둔지라) 그러므로 (예수께서 우리를) 형제라 부르시기를 부끄러워하지 아니하시고 히 2:11

1 당신 과거가 늘 불우했다고만 기억하고 있습니까? 당신은 지금 속고 있는 것입니다.

2 당신은 지금 누구의 아들(딸)입니까? 언제까지 그 기억이 당신이라고 믿고 있을 것입니까? 깨어나십시오.

과거를 기억하는 것과
그 기억에 묶이는 것은 다릅니다.
과거는 기억하되
태생이 변한 당신이 누구인가를 알아야 합니다.

41
상처와 쓴 뿌리를
어디다 토해야 합니까?

주님 앞에서 하라

주님! 가까운 사람에게 화를 내니 마음이 편치 않습니다.
그렇게까지 화낼 일은 아니었던 것 같은데, 이런 상황이 반복되니
모두가 제 문제인 것 같아서 마음이 무겁습니다.
제 속에 응어리진 이 답답함을 대체 어디다 풀어야 합니까?

안 좋은 감정이나 생각을 품고 있으면 그것은 독이 됩니
다. 어제 하루만 돌아보아도 살아가면서 불편하고 불쾌
했던 것, 잠시 잠깐일지라도 상대방을 미워하고, 통제하
고, 사랑하지 못했던 크고 작은 일들이 얼마나 많았습니
까? 매일 그런 일들을 마음에 쑤셔 넣고 그 감정 그 느낌을
그대로 가진 채 잠자리에 들기 일쑤였다면, 당신은 스스로
죽음을 재촉하는 삶을 살고 있는 것입니다.

　그러면 당신은 그런 감정들을 어디에 토해냅니까? 세상

에 나의 모든 비밀을 털어놓을 수 있는 가장 안전한 곳, 그리고 끝없이 받아주시고 예약하지 않아도 언제든 찾아갈 수 있는 분은 우리 하나님 아버지밖에 없습니다.

교회 목사님을 마음대로 만날 수 있습니까? 약속 시간을 정하지 않고는 쉽게 만날 수 없습니다. 그렇지만 우리 안에 계신 아버지는 예약하지 않고도 늦은 밤이든 새벽이든 상관없이 그냥 '아버지!'라고만 불러도 우리를 만나주십니다. 언제든 만날 수 있고, 나의 모든 것을 아시고, 나에게 놀라운 은혜와 지혜를 주시는 그분이 아니라면, 누구를 의지하고 누구한테 마음을 토해내겠습니까?

그런데 우리는 흔히 거꾸로 하고 있습니다. 상한 감정을 모두 가정에서 토해냅니다. 가족에게는 말을 함부로 해서 있는 대로 상처 주고, 교회에 나와 하나님 앞에서는 꽤 괜찮은 사람인 것처럼 행동합니다. 하지만 하나님이 원하시는 것은 상한 감정은 하나님 앞에서 토하고, 가정에서는 하나님으로부터 받는 사랑을 베푸는 것입니다.

지금 돌이켜 성령 안에서 우리 마음에 있는 상한 감정을 하나님 앞에서 토해내십시오. 토해내는 것은 넋두리도 아니고 내 분통을 터뜨리는 것도 아닙니다. 세상 심리치료에서는 샌드백을 치든지, 방망이질을 하든지, 고래고래 고함도 지르고 욕도 하라고 합니다. 그렇게 안에 있는 것을 토해내면 시원하겠지요.

그러나 한번 생각해보십시오. 그 순간 하나님 앞에 얼마나 가까이 갔습니까? 자기 속만 시원해지는 것은 온전한 치유가 아닙니다. 그 일을 통하여 하나님의 의가 되었다는 사실이 마음으로 믿어져야 합니다. 예수 그리스도의 이름으로 하나님 앞으로 나아가 성령 안에서 그분에게 마음을 열어놓고, 우리 육신에 박혀 있는 상한 감정을 마음껏 토하라는 것입니다. 그렇게 토해낼 때 독이 빠지고 마음이 새롭게 되며 깨끗해지기 때문입니다.

"주님, 지금 이 시간 예수 그리스도의 이름으로 제 감정을 토해내기를 원합니다. 저의 마음을 열어주옵소서!"

"하나님, 머리끝에서 발끝까지 제 혼과 육에 차 있는 모든 독을 빼내어 주시옵소서."

"내 원통함과 분노, 용서하지 못하고, 학대하고, 정죄하고, 비판하고, 나를 사랑하지 못하고, 용납하지 못하고, 나를 통제했던 그 마음, 그때 얼마나 슬펐는지, 억울했는지, 분이 났는지 내 안에 있는 그대로를 주님께 토해냅니다."

"내 삶과 내 원가정과 세대 간에 내려오는 패턴을 통해서 내 삶에 묶임이 되고 상처가 되어 하나님 보시기에 아름답지 못한 것들을 보여주옵소서. 그 부분을 치유 받기 원합니다."

내 안에 묶인 상처, 쓴 뿌리, 미움과 원한 등 흔적으로 더러운 생각과 감정들을 완전히 토해내야 심령으로부터 하나님의 생수가 흘러나오게 됩니다.

백성들아 시시로 그를 의지하고 그의 앞에 마음을 토하라 하나님은 우리의 피난처시로다 시 62:8

나를 믿는 자는 성경에 이름과 같이 그 배에서 생수의 강이 흘러나오리라 하시니 요 7:38

하나님이 원하시는 것은
상한 감정은 하나님 앞에서 토해내고
가까운 사람들에게는
하나님으로부터 받은 사랑을
베푸는 것입니다.

1 썩은 음식을 먹은 뒤 토하지 않고 계속 입을 꼭 다물고 눌러 놓으면 어떻게 됩니까?

2 더러운 생각과 상한 감정은 묵상의 대상이 아닙니다. 토해 내어 십자가에 못 박으십시오. 그리고 하나님의 성전인 당신 마음을 깨끗하게 하십시오.

42

남편을
어떻게 대해야 하지요?

남편을 존경하라

주님! 오늘 부부 동반 모임에서
남편이 제게 함부로 말한 것 때문에 부끄럽고 화가 나서
저도 다른 사람들 앞에서 남편에게 쏘아붙여주었습니다.
남편도 자신이 말실수한 걸 아는지
슬그머니 자리를 피하더군요.
그 모습에 더 화가 나서 모인 사람들에게
남편의 험담을 실컷 해주고 나니 속이 후련해졌습니다.

하나님 자녀들의 결혼 생활은 세상 사람들의 사고방식과
는 달라야 합니다. 두 사람이 힘을 합하여 잘사는 것이 아
닙니다. 한 사람으로는 하나님의 온전함을 잘 나타내지
못하기 때문에, 서로가 부모를 떠나 하나가 됨으로써 하
나님의 온전함을 더 잘 나타내는 것이 함께 사는 이유가
되어야 합니다. 남편에 대한 아내의 태도에 대해서 제가 경
험한 한 가지 예를 들어보겠습니다.

부부 모임에 가면 어떤 연유인지는 모르지만 남편이 아내에게 농담 삼아 핀잔 비슷한 말을 하는 경우를 보게 됩니다. 아마 남편이 아내를 통해서 자신을 잘 보이고 싶었거나, 남들이 자신과 아내를 어떻게 보는가가 신경이 쓰여서 그런지도 모르겠습니다.

그럴 때 두 부류의 아내가 있습니다. 한 부류는 남편에게 되로 받았으니 말로 주는 유형입니다. 억울한 심경을 남편에게 표현하거나, "남의 일 간섭 마시고 당신이나 잘하세요"라고 하거나, 한 걸음 더 나아가 "저이는 항상 저렇게 해" 등 다른 아내들에게 남편의 흉을 봅니다. 'you-message'에 즉각적인 'you-message'로 응수합니다. 남편은 갈등을 키우고 싶지 않아 바로 꼬리를 내리기도 하지만, 경우에 따라서는 그들의 부부 관계를 모든 사람에게 생방송하기도 합니다.

반면에 어쩌면 다른 사람들 앞에서 자신이 수치를 당했다고 생각할 수도 있겠지만, 참으로 지혜롭게 처신하는 아내도 있습니다. 찡그림 없이 웃으며, "아! 그래요, 그럴 때 내가 이렇게 하면 당신 기분이 더 좋아지겠네요"라는 식으로 답하는 경우입니다. 남편의 단순하고 철없는 생각을 지혜롭게 뛰어넘으면서도 자신의 남편을 존경하는 태도를 보이는 유형입니다.

그 말 한마디에 남편의 감정도 풀어주고, 자신이 남편을 얼마나 존경하는지(남편의 인격과 상관없이)를 보여주며, 그로 인하여 아내도 존귀함을 받고, 하나님의 영광도 드러내게 됩니다.

너희의 단장은 머리를 꾸미고 금을 차고 아름다운 옷을 입는 외모로 하지 말고 오직 마음에 숨은 사람을 온유하고 안정한 심령의 썩지 아니할 것으로 하라 이는 하나님 앞에 값진 것이니라 전에 하나님께 소망을 두었던 거룩한 부녀들도 이와 같이 자기 남편에게 순종함으로 자기를 단장하였나니 벧전 3:3-5

아내의 지혜로운 말 한마디에 부부 관계뿐만 아니라 그모임의 분위기가 바뀌게 됩니다. 그럴 때 주위 사람들이 기대했던 쇼의 긴장감도 일시에 사라지게 됩니다. 물론 의도한 것은 아니지만 말입니다. 지혜로운 아내는 자신을 낮추면서도 사랑받는 방법을 알아야 합니다. 그것은 바로 남

아름다운 부부의 삶은
서로 잘 맞추려고 노력하는 데 있지 않고,
하나님이 주신 본래의 역할을 하는 데 있습니다.

편을 존경하는 것입니다. 사라가 남편 아브라함을 주라 칭하여 순종한 것같이 남편이 할지 모르는 두려운 일에도 놀라지 아니하고 주 앞에 선을 행하면 사라의 딸같이 되는 것입니다(벧전 3:6).

서양 속담에 "남편은 아내의 사랑 없이는 참고 살 수 있어도, 아내의 존경 없이는 함께 살 수 없다"라는 말이 있습니다. 어떤 상황에서도 남편을 존경하는 아내가 되어야 합니다.

이 글을 읽으며 혹여나 제가 남자 편을 든다고 생각하지 말았으면 좋겠습니다. 다만 지금 나누고 싶은 말씀의 주제가 '아내'에 대한 부분이기 때문입니다. 사실 남편이 자기 아내를 자신같이 사랑하는 것은 더 힘들다는 것을 알아야 합니다.

그러나 너희도 각각 자기의 아내 사랑하기를 자신같이 하고 아내도 자기 남편을 존경하라 엡 5:33

적용

1 남편의 부당한 대우에도 존경을 표현한 적이 있습니까?

2 남편이 늘 하는 패턴에 대한 하나님의 답을 준비해보십시오. 남편이 까무러치도록 말입니다.

43
아내를
어떻게 대해야 합니까?

아내를 자신같이 사랑하라

주님! 늘 불만이고 티만 잡아내는
아내를 어떻게 대해야 할지 모르겠습니다.
하나님이 허락하신 아내와 잘 지내고 싶습니다.

이제 남편에 대해 생각해봅시다. 결혼한 남성분이라면 지금 노트를 준비해서 당신에게 소중한 사람 15명의 이름을 써보십시오. 아마 대부분이 가족, 이웃, 동료, 친구 등일 것입니다. 이제 다 기록했다면 당신에게 덜 소중한 사람부터 하나씩 지워보십시오. 처음에는 별로 어렵지 않을 것이지만, 아마 나중에는 틀림없이 부모, 자녀, 아내가 남을 것입니다.

이제 다시 덜 소중한 사람부터 하나씩 지워야 한다면 어떻게 할 것입니까? 매우 망설이게 될 것이고 고통스러울 것입니다. 정말 현실에서 이런 일이 일어나서는 안 되겠지만, 당신이 아내를 사랑한다면 마지막으로 아내만 남을 것입니다. 왜냐하면 시간이 지나면 언젠가는 부모도 떠나가고, 자녀들도 부모 곁을 떠나지만, 당신이 사는 동안 끝까지 함께할 사람은 바로 아내이기 때문입니다.

성경 말씀대로라면 남편이 아내를 사랑하는 것은 아내가 남편을 존경하는 것과는 비교할 수 없을 만큼 힘들고 어렵습니다. 왜냐하면 첫 번째는 남존여비와 같은 잘못된 사고방식 때문이고, 두 번째는 예수님이 교회를 사랑하심으로 그 교회를 위해 자신을 내어 주심같이 아내를 사랑하라는 성경 말씀 때문입니다. 그 말은 아내를 위해 자신을 포기하라는 것과 같은 말입니다.

에베소서 5장 25절의 말씀을 생각해보십시오.

남편들아 아내 사랑하기를 그리스도께서 교회를 사랑하시고 그 교회를 위하여 자신을 주심같이 하라 엡 5:25

남편이 아내를 사랑하는 것은 최선을 다해 할 수 있는 대로 인간적인 사랑(필리아, φιλία)을 하라는 뜻이 아님

니다. 남편이 아내를 사랑하는 것은 하나님의 사랑(아가
페, ἀγάπη)으로 사랑하라는 것입니다. 남편이 자신을 포기
함으로 하나님의 사랑을 경험하지 않는다면, 결코 아내를
제대로 사랑할 수 없다는 말입니다.

우리는 이런 사실을 요한복음 21장에 예수님이 부활
하신 다음 베드로를 만나 "네가 나를 사랑하느냐(아가페
오)?"라고 물었을 때에도 볼 수 있습니다. 예수님이 '아가
페'의 사랑으로 두 번씩이나 물었음에도 불구하고, 베드로
는 '필리아'의 사랑으로 대답했고, 세 번째 예수님이 '필리
아'의 사랑으로 물었을 때도 역시 '필리아'의 사랑으로 대
답했습니다. 베드로는 그때까지 아직 성령으로 거듭나지
못한 상태였기 때문에 진정한 하나님의 사랑을 경험해보지
못했던 것 같습니다.

아내를 사랑한다는 것은 자기가 최선을 다해 아내를 사
랑한다는 말이 아니고, 자신이 죽는 만큼 아내를 사랑할
수 있다는 것입니다. 따라서 남편은 아내를 사랑하기에 앞
서 하나님의 사랑을 먼저 경험해야 합니다.

생각해보십시오. 하나님의 사랑은 우리의 태도나 행동
과 상관없이 영원하며 절대적입니다. 어떻게 그렇게 할 수

아내를 사랑함은

이유 불문하고 무조건적으로

어떤 처지나 상황과 상관없이

내가 내 자신을 사랑하는 것처럼,

하나님께서 나를 사랑하시는 것처럼,

사랑하는 것입니다.

있는지 상상이 되십니까? 만약 내가 그렇게 아내를 사랑해야 한다면, 내가 먼저 죽지 않고는 도저히 불가능한 일임을 알게 될 것입니다.

남편들이 흔히 범하는 잘못된 사고방식은 모든 일에 항상 남자가 여자보다 우월하다는 생각입니다. 하지만 막상 사랑싸움과 문제에 봉착하면 자신과 아내가 동등해야 한다고 생각합니다. 내가 주는 만큼 상대방도 주어야 한다고 생각하는 것입니다.

그러나 성경에는 분명히 아내가 더 연약한 그릇이고 아내를 하나님의 생명의 은혜를 함께 이어받을 자로 알아야 한다고 말씀하고 있습니다.

남편들아 이와 같이 지식을 따라 너희 아내와 동거하고 그를 더 연약한 그릇이요 또 생명의 은혜를 함께 이어받을 자로 알아 귀히 여기라 이는 너희 기도가 막히지 아니하게 하려 함이라 벧전 3:7

아내의 사랑으로 먹고 살고자 하는 대부분의 남편(저를 포함해서)들에게 성경 말씀은 힘든 정도가 아니라 불가능하게만 보입니다. 어떤 연유건 아내를 사랑할 수 없을 때는 사랑하려고 애쓰기 전에 먼저 예수 그리스도 안에서 죽는 연습부터 합시다.

이와 같이 남편들도 자기 아내 사랑하기를 자기 자신과 같이 할지니 자기 아내를 사랑하는 자는 자기를 사랑하는 것이라 엡 5:28

1 아내를 사랑하고 싶지만 사랑할 수 없는 때도 있습니다.

2 그럼에도 불구하고 예수님이 우리를 사랑하시기 위해서 그분 자신을 주심과 같이 우리도 아내를 사랑하기 위해서 자신을 포기하는 것을 경험합시다.

part 10

킹덤멘탈리티로 당신의 삶을 바라보라

지금 당신의 '인생 여정'은 어느 단계입니까?

왜 부대끼며 함께 살아가야 하지요?

이 난국을 어떻게 헤쳐 나가야 합니까?

핸드폰이 없으면 불안한가요?

SNS를 하지 않으면 불안합니까?

이 세상에서 어떻게 행복을 찾을 수 있을까요?

교회와 세상에서 어떻게 균형을 잡아야 할까요?

44

지금 당신의
'인생 여정'은 어느 단계입니까?

다음 단계로 돌파하라

주님! 제가 구원을 받은 후부터는
정말 다르게 살고 있다고 생각합니다.
교회에서 배운 대로 최선을 다하고 있습니다.
그런데 제가 지금 하나님 자녀로서
삶의 여정 어디쯤을 가고 있는지 궁금합니다.

우리가 자주 접하는 성공 스토리를 한마디로 요약하면 변혁(transformation)을 통한 돌파(breakthrough)의 이야기입니다. 즉, 열심히 살았지만 늘 실패와 패배 속에 헤매다가 마침내 어떤 계기를 통해서 자신이 다르게 살 것을 결심하고, 그때부터 수많은 고난과 역경을 헤쳐 나가 과거에 상상할 수도 없었던 일을 성취하는 것입니다. 가장 최근의 예로 바로 중국 알리바바 그룹의 마윈을 들 수 있습니다.

성공한 사람들의 인생에는 공통적인 시나리오가 있다

고 합니다. 세계 모든 나라의 신화를 비교연구한 비교신화학자인 조셉 켐벨(Joseph Campbell)은 각국에서 전해지는 신화나 민화 등을 수집하여 비교분석한 끝에 모든 이야기의 스토리 전개구조에는 공통된 패턴이 있다는 것을 발견하고, 그것을 《The Hero's Journey(영웅의 여정)》라는 책으로 출간하였습니다.

내용을 살펴보면, 인기가 많은 대부분의 영화나 책의 스토리 전개는 영웅의 여정에 나오는 것과 같은 패턴을 따릅니다. 예를 들어, 중국 무협소설이나 〈반지의 제왕〉, 〈해리포터〉, 〈스타워즈〉 등과 같은 영화들도 마찬가지입니다.

대략 단계별로 나누어보면 다음과 같습니다.

1단계 : 평범한 삶 - 자신의 생각대로 산다.

2단계 : 천명 - 사명이 주어진다.

3단계 : 여행 시작 - 낯선 곳으로 여행을 떠난다.

4단계 : 배움 - 기술을 배움으로써 문제 해결력이 생긴다.

5단계 : 스승 - 자신의 참모습을 일깨워줄 스승을 만난다.

6단계 : 악마(숙적) - 숙적에게 패하고, 전인 능력(지적, 정서적, 신체적, 사회적)과 결합되지 않는 기술은 더 큰 힘을 발휘하지 못한다는 사실을 깨닫는다.

7단계 : 변용(變容, transfiguration) - 기술만이 아닌 모든 능력이 조화를 이루는 참된 능력을 습득한다.

8단계 : 임무 완수 - 숙적을 무찌르고 목적을 완수한다.

9단계 : 귀환 - 한층 성장하여 고향으로 돌아온다.

그런데 이러한 내용은 단지 영웅 이야기에만 해당되는 것이 아닙니다. 우리의 신앙 여정도 이와 너무나 흡사합니다. 단지 출발점이 나인지 아니면 하나님인지만 다를 뿐입니다.

이 단계를 영웅의 여정 대신에 킹덤빌더의 신앙 여정으로 바꾸어보면, 지금 우리가 어느 단계에 와 있는지를 확인하는 데 도움이 될 것입니다.

1단계 : 평범한 삶 - 자신의 생각대로 산다.

2단계 : 구원 - 예수 그리스도를 믿고 구원을 얻는다.

3단계 : 신앙생활 - 새로운 삶을 위해 교회를 다닌다.

4단계 : 말씀과 교제 - 어떻게 살아야 하는지를 배워나 간다.

5단계 : 멘토 - 자신의 참모습을 일깨워줄 멘토를 만난다.

6단계 : 육신의 소욕과 마귀의 방해 - 열심히 신앙생활 하지만 '결단→헌신→우울'과 같은 악순환을 계속하게 된다.

7단계 : 성령 체험 - 마침내 성령의 충만함을 경험하고 새로운 피조물임을 체험한다.

8단계 : 영적 돌파 - 날마다 성령의 인도함을 받고 영의 생각으로 몸의 행실을 죽여 나간다.

9단계 : 하나님나라의 삶 - 늘 주와 동행하며 이 땅에서 하나님나라의 삶을 살게 된다.

인생의 전 단계를 이해하고 지금 자신의 좌표를 정확히 파악한다면, 그 다음 어떻게 나아가야 할지를 쉽게 알 수 있습니다. 당신은 지금 '자녀의 여정' 몇 단계에 머물러 있습니까? 멈추지 말고 다음 단계로 돌파해 나가십시오!

형제들아 나는 아직 내가 잡은 줄로 여기지 아니하고 오
직 한 일 즉 뒤에 있는 것은 잊어버리고 앞에 있는 것을
잡으려고 푯대를 향하여 그리스도 예수 안에서 하나님
이 위에서 부르신 부름의 상을 위하여 달려가노라

빌 3:13,14

 적용

1 당신은 지금 어느 단계에 머무르고 있습니까?

2 다음 단계로의 여정을 위해 무엇을 해야 할 것인지 생각하고
실천하십시오.

JESUS

하나님의 자녀로서
인생에서 다음 여정으로의 돌파는
육신의 소욕과 사탄의 세력에 따라 달라지지만,
말씀과 성령과 믿음이 그 핵심입니다.
인생은 돌파의 연속입니다.

45

왜 부대끼며
함께 살아가야 하지요?

우리, 서로, 함께 변하자

주님! 늘 함께하는 사람들 때문에 너무 괴롭습니다.
그 인간들만 없으면 정말 행복할 것 같습니다.
혼자 살 수 있다면 얼마나 좋을까요?

예수님은 하나님의 자녀인 우리에게 매일 살아가면서 '너희
는 이렇게 기도하라'고 가르쳐 주셨습니다. 그 기도의 처음
이 바로 '하늘에 계신 우리 아버지'입니다. 다시 읽어보십시
오. '나의 아버지'가 아니라 '우리 아버지'이십니다. 그 말은
우리 모두의 안에 계시는 예수 그리스도로 말미암아 우리
가 하나님 아버지의 가족이라는 뜻입니다. 주기도문은 나
만을 위한 기도가 아니라, 우리를 위한 기도입니다. '우리'
라는 말은 이 세상을 살아가는 데 가장 중요한 의미를 지
닌 말입니다.

신약에서 가장 소중히 사용되는 단어는 '우리, 서로, 함께'입니다. 예수님은 하나님나라에서 가장 중요한 계명이 '서로 사랑하라'는 것이라고 말씀하셨습니다. '우리, 서로, 함께'가 없는 인생이란 있을 수 없습니다.

> 내 계명은 곧 내가 너희를 사랑한 것같이 너희도 서로 사랑하라 하는 이것이니라 요 15:12

왜냐하면 인간은 이 세상에서 혼자 살 수 없는, 서로 관계하는 사회적 존재이기 때문입니다. 다른 말로 '우리'가 없는 '나'는 없다는 것입니다. 우리가 있기 때문에 내가 있는 것입니다.

너와 나, 우리 안에서 각자가 서로를 대하는 태도는 이 세상을 하나님나라로 만들 것인가 아니면 마귀의 나라로 만들 것인가를 결정합니다. 실제로 예수님은 하나님의 나라가 눈에 보이는 것도 아니고, 어떤 장소에 있는 것도 아니고, 너희 안에 즉 우리 안에 있다고 말씀하셨습니다.

> 또 여기 있다 저기 있다고도 못하리니 하나님의 나라는

우리 관계 가운데 깨어 있는 자와 잠자는 자의 차이는
무엇일까요? 그것은 하나님의 방식으로 다른 사람을 보
는지, 마귀의 방식으로 다른 사람을 보는지의 차이입니다.
우리에 대한 개념은 자신과 다른 사람을 어떻게 보느냐
에 기초하고 있습니다. 이는 크게 두 가지로 나눌 수 있습
니다. 하나는 자기중심적 사고방식(Egocentric mindset)
이고, 다른 하나는 하나님 중심적 사고방식(Theocentric
mindset)입니다. 전자는 다른 사람을 자신의 목적을 이루
기 위한 대상(수단, 물질)으로 보는 사고방식이고, 후자는
다른 사람을 하나님의 목적을 이루기 위한 존재로 보는 사
고방식입니다.

'자기중심적 사고방식'은 우리가 태어나서부터 자연스럽
게 배운 세상적 사고방식입니다. 내가 있어야 너가 있는 것
이고, 너는 나를 위해서 존재할 뿐이라는 사고방식입니다.
따라서 나는 그 사람보다 뛰어나야 하고, 그 사람이 나에
게 잘해주어야 하며, 그의 잘못은 용서받지 못해야 합니
다. 이러한 사고방식은 자신의 부족함을 보지 못하며, 어

자기중심적 사고방식은
피조물을 자신의 목적을 이루기 위한
대상과 수단으로 보지만,
하나님 중심적 사고방식은
피조물을 하나님의 목적을 이루기 위한
존재로 봅니다.

디에서나 항상 문제를 일으키며, 자기편을 만들게 되고 당을 짓게 하고 분리시키는 일을 합니다.

반대로 '하나님 중심적 사고방식'은 하나님의 목적을 이루기 위해서 하나님의 것을 나타내고 나누는 사고방식입니다. 서로를 인정하고 함께 지어져서 우리 모두가 하나님의 생명 가운데 있도록 하는 사고방식입니다. 이러한 사고방식은 서로가 윈윈(win-win)하는 것을 넘어서, 하나님의 생명을 함께 나누는 것입니다. 즉, 하나님의 자녀이기 때문에 자기 자신 안에 있는 하나님을 우리 가운데 나타내는 것입니다.

그 사람은 이미 하나님의 풍성한 사랑이 무엇인지를 알고 체험하고 있기 때문에 다른 사람으로부터 무엇인가를 바라는 대신에 오히려 자신 안에 있는 것을 나누어주고 싶어 합니다. 물에 떨어진 돌이 동심원을 그리듯이 더 많은 사람이 모여 우리를 이루게 합니다.

그런데 간혹 자기중심적 사고방식을 가진 사람이 하나님 중심적 사고방식을 가진 것처럼 보일 때가 있습니다. 그것은 바로 자신의 결핍이나 부족을 채우기 위해서, 거절당하고 싶지 않아서 다른 사람에게 잘해주거나 사랑하는 것입니다. 그 사람은 목적(기대와 바람)을 가지고 관계를 맺는 것입니다. 하지만 그 기대와 바람은 언제나 만족스럽지 못합니다. 왜냐하면 자신은 하나를 주고 상대방으로부터는 열을 얻기 원하기 때문입니다. 결국 되돌아오는 것은 결핍에 대한 시달림과 거절감과 다른 사람을 탓하고 미워하는 마음입니다.

우리는 이 땅에 주님의 통치를 이루기 위해서 'being together', 'sharing together', 'working together'(함께 존재하고, 함께 나누고, 함께 일하는) 하는 존재입니다. 날마다 우리, 서로, 함께 변해갑시다.

너희가 비판하는 그 비판으로 너희가 비판을 받을 것이요 너희가 헤아리는 그 헤아림으로 너희가 헤아림을 받을 것이니라 어찌하여 형제의 눈 속에 있는 티는 보고 네 눈 속에 있는 들보는 깨닫지 못하느냐 마 7:2,3

적용

1 하나님 앞에 나아가 "하늘에 계신 우리 아버지"라고 말하고, "그런데 ㅇㅇ가 정말 밉습니다"라고 말해보십시오. 어떤 마음이 드나요?

2 그리고 마음의 귀를 열어 세미한 음성을 듣고 노트에 기록해보십시오.

46

이 난국을
어떻게 헤쳐 나가야 합니까?

위기는 '위험+기회'이다

주님! 저는 지금 너무나 어려운 처지에 놓여 있습니다.
물론 이럴 때 어떻게 해야 한다는 것을 머리로는 알고 있습니다.
하지만 지금 말씀에 순종하기가 너무나 두렵습니다.
잘못되면 제 인생이 망가질 것 같습니다.

인생을 살다보면 누구나 크고 작은 위기를 맞이합니다. 우
리는 위기가 닥칠 때마다 그 상황이 인생 최고의 위기라고
느끼지만, 지나고 보면 그 위기는 앞으로 닥칠 위기에 비교
하면 아무것도 아님을 알게 됩니다.

우리가 정말 닥치지 않기를 바라는 '위기'라는 단어는 사
실 '위험'과 '기회'의 합성어입니다. 따라서 위기는 매우 위
험한 처지에 놓여 있지만, 동시에 하나님의 영광과 선하심
을 경험할 절호의 기회도 되는 것입니다. 다른 말로 위기
때 혼자 그 일을 헤쳐 나가고자 하면 위험만이 있지만, 주

님을 의지한다면 오히려 새로운 길을 여는 기회가 될 수 있다는 것입니다. 그렇다면 구체적으로 어떻게 해야 위기 가운데 기회를 경험하게 될까요? 그것은 자신을 포기할 때 가능합니다.

저는 위기 즉 위험과 기회를 생각할 때면 서커스 단원이 공중그네 타는 것을 생각하곤 합니다. 지금 눈을 감고 서커스를 생각해보십시오. 맞은편에서 빈 그네가 오면 서커스 단원은 타이밍을 맞추어서 그네에 의지하여 공중으로 날아갑니다. 그네를 이용하여 이쪽에서 저쪽으로 옮겨가기 위해서는 적절한 타이밍에 자신이 잡고 있는 그네를 놓고 동시에 앞에 오는 빈 그네를 잡아야 합니다. 자신의 그네를 놓고 다가오는 빈 그네를 잡아야 하는 그 순간이 바로 위험과 기회의 순간입니다.

서커스 단원처럼 지금 상황을 돌파하기 위해서는 자신이 지금 움켜쥐고 있는(다른 말로 스스로 해결하고자 하는) 마음의 생각을 놓고 주님이 주시는 말씀을 붙들어야 합니다. 그때 위험은 기회로 바뀌는 것입니다.

그런데 여기에는 두 가지 선결 조건이 있습니다. 그것은 성경에 나와 있는 말씀(로고스)을 붙드는 것이 아니라, 주님이 나에게 주시는 말씀(레마)을 붙들어야 한다는 것입니다. 이것은 자신이 말씀을 취하는 것이 아니라, 기도 가운데 성령님을 통하여 약속의 말씀이 믿어지는 것을 말합니다. 또 한 가지는 자신의 것을 내려놓을 때 죽을 각오를 해야 한다는 것입니다. 사람이 죽음을 각오하면 두려울 것이 없지만, 살기 위해서 어떤 일을 하고자 하면 두려움에 사로잡히고 맙니다.

물 위를 걸은 베드로를 생각해보십시오. 베드로가 언제 기적을 경험했습니까? 바로 풍랑 가운데 "오라" 하시는 예수님의 말씀에 순종하여 배에서 내려 물 위에 첫 발을 내디딜 때 기적을 경험했습니다. 자기포기 없이는 새로운 기회를 가질 수 없습니다.

하나님의 자녀인 우리 인생에서 가장 놀랍고 힘이 되는 것은, 주님이 항상 우리를 지켜보고 계시다는 것입니다. 우리가 위험에 처했을 때 예수님은 우리가 말씀을 통해서 그 위기를 기회로 바꾸기를 원하십니다.

지금 여러분의 상황은 어떤가요? 어렵고 힘든 상황인가요? 살고 싶은 마음이 없는 상태인가요? 먼저 예수님을 바라보십시오. 주님은 우리에게 말씀하십니다.

어떠한 최악의 위기일지라도
자기포기에 따르는 두려움을 이기고
주님의 말씀을 붙들면
예수 그리스도 안에서
기적을 경험하게 됩니다.

"애야, 내가 이미 다 이루었다고 말하지 않았니? 너는 내가 다 이룬 것을 행동함으로 새로운 경험을 하렴."

자, 이제 당신이 서커스 단원처럼 멋진 곡예를 할 차례입니다!

또 죽기를 무서워하므로 한평생 매여 종노릇하는 모든 자들을 놓아주려 하심이니 히 2:15

예수께서 즉시 이르시되 안심하라 나니 두려워하지 말라 마 14:27

1 당신은 지금 어떤 위기 가운데 있나요? 매일 크든 작든 위기는 늘 있게 마련입니다.

2 위험을 말로써, 행동으로써, 섬김으로써, 하나님의 지혜로써 기회로 만드십시오.

47
핸드폰이 없으면
불안한가요?

예수님을 먼저 찾아라

주님! 핸드폰 없는 하루는
정말 불안합니다.

아침에 일어날 때부터 잠자리에 들 때까지 알람부터 시작
해서 날씨, 실시간 뉴스, 그때그때 궁금한 자료 검색, 도로
상황 알림 등, 이제는 핸드폰 없는 일상생활은 생각할 수
도 없을 것 같습니다. 전화나 문자만 되어도 신기했던 때
가 있었는데, 이제는 심지어 기본적인 기능도 다 사용하지
못할 정도로 다양한 기능을 갖춘 스마트폰을 쓰게 되었습
니다.

　게다가 어린아이로부터 노인에 이르기까지 전 연령층이
사용하니 공공장소에서 애고 어른이고 할 것 없이 모두가
손바닥만 한 화면에 시선을 빼앗긴 진풍경이 펼쳐집니다.

그것을 보면 '과거에 이런 편리함 없이 어떻게 살았지?'라는 생각도 들지만, 또 한편으로 우리가 다 핸드폰 중독에 걸린 것은 아닐까 하는 염려도 듭니다. 왜냐하면 자기 손에 핸드폰을 쥐고 있지 않으면 불안을 느끼는 '노모포비아 증후군'(Nomophobia syndrome)을 느끼는 사람이 너무 많기 때문입니다.

신앙인들도 정말 깨어 있지 않으면 순식간에 세상의 유혹과 마귀가 놓은 덫에 아무 생각 없이 붙들리게 됩니다. 손가락 한 번 까닥하면 쉽게 들어가는 사이버 나라에 무의식적으로 들어가 안목의 정욕, 육신의 정욕, 이생의 자랑에 묶이게 되는 것이지요. 그리고 일단 마음이 빼앗기면 더 깊은 곳으로 빠져들어 헤어나기 어렵게 됩니다.

실제로 가끔씩 핸드폰을 집에 놓고 온 날은 너무 불안합니다. 핸드폰이 손에 쥐여 있을 때는 기억도 나지 않던 사람들이 그날 따라 눈앞에 떠오르고 전화해주어야 할 것 같은 생각이 듭니다. 전화 올 곳이 없음에도 불구하고 누군가가 전화할 것 같은 불안감에 사로잡히기도 합니다. 이미 알고 있는 스케줄 외에 무엇인가 더 있을 것 같은 예감에 사로잡히고, 핸드폰 캘린더에 기록한 오늘과 이번 주에 해야 할 일을 꼭 확인해야 할 것 같습니다. 한마디로 핸드폰 때문에 일이 손에 잡히지 않고 불안하고 불편합니다.

그런데 예수님 없이 하루를 보내며 불편하고 불안해본 적이 있습니까? 까짓것 없어도 그만인 핸드폰 하나 때문에 그리도 불안하고 불편한데, 예수님 없이도 아무런 불편함이나 불안함 없이 하루를 잘만 지내는 우리 자신을 생각해 봅시다.

핸드폰은 우리의 삶을 보다 편리하게 해주는 전자기기이지만, 예수 그리스도는 우리의 주님이십니다. 우리의 모든 삶은 그분 안에서 이루어져야 하고 행해져야 합니다.

그러므로 너희가 그리스도 예수를 주로 받았으니 그 안에서 행하되 골 2:6

예수님 없이도 잘만 살고 있는 우리 자신을 보고 불안해합시다. 불안을 못 느낀다면 지금 파멸의 길을 걷고 있는지도 모릅니다.

우리는 예수님과 동행하지 않으면 아무것도 할 수 없는

존재가 되어야 합니다. 아무 생각도 나지 않아야 합니다. 아무것도 하고 싶지 않아야 합니다. 심지어 숨쉬기조차도 힘들어져야 합니다. 왜냐하면 그분이 우리의 생명이시기 때문입니다.

우리 생명이신 그리스도께서⋯ 골 3:4

핸드폰이 문명의 이기(利器)로서 우리의 삶을 풍성케 하지만, 언제부터인지 우리 모두 핸드폰에 종속되어 있고 중독되어 버렸습니다. 우리는 핸드폰을 가져오지 못한 것 기억나게 해달라고 기도하기 전에, 예수님을 기억하지 못하고 혼자 나온 우리 자신을 기억하게 해달라고 기도해야 합니다.

예수를 너희가 보지 못하였으나 사랑하는도다 이제도 보지 못하나 믿고 말할 수 없는 영광스러운 즐거움으로 기뻐하니 벧전 1:8

1 오늘도 현관문 앞에서 핸드폰 챙겼나 확인하기 전에 예수님이 어디에 계시는지를 확인하십시오.

2 그리고 "주님! 오늘도 주 안에서 주님과 교제하며 주님의 이름으로 살겠습니다!"라고 선포하십시오.

손에 없으면 불안하고
아무 일도 없는데 켜보고
호주머니에 없는데도 진동이 느껴지고
배터리가 부족할 때 안절부절한다면
당신은 핸드폰 중독입니다.

48

SNS를 하지 않으면
불안합니까?

카.페.인. 우울증에서 벗어나라

주님, 저 SNS에 중독된 것 같습니다.
시간만 나면 저도 모르게 SNS에 접속합니다.
그런데 다른 사람이 올린 글이나 사진을 보면
저 자신이 형편없이 느껴져서 저도 모르게 우울해집니다.

혹시 '카페인 우울증'이라는 말을 들어본 적이 있습니까? '카페인 우울증'은 마시는 커피에 중독됨으로 겪는 우울증을 뜻하는 말이 아닙니다. '카페인'은 우리나라에서 이용률 높은 SNS(social network service)인 카카오스토리(kakaostory), 페이스북(Facebook), 인스타그램(Instagram)의 첫 글자를 따서 만든 신조어입니다.

이들 SNS는 요즘 다른 사람과, 세상과 관계하는 주요 통로이면서, 동시에 자신과 세상을 이해하는 거울과 같은 존재가 되었습니다. SNS는 시공간을 초월하여 정보를 공유할 수 있으며, 동시에 자신의 생각을 사이버 공간에 올림으로써 사회참여를 가능케 하는 엄청난 도구입니다. 즉, 가족과 친구, 동료 등 아는 사람들과 소소한 일상을 공유하는 채널로서 관계 유지에 윤활유가 되기도 하고, 동시에 부정부패를 알리고 심지어 독재정권을 무너뜨리는 시민혁명의 일등공신 역할을 하기도 합니다.

군중 속의 고독을 가장 손쉽게 해결하고 자신을 드러내고 싶은 마음을 가장 빠르게 이룰 수 있는 길이 바로 SNS가 아닌가 생각됩니다. 진정한 삶은 같은 공간 속에서 사는 인간과 인간이 서로 부딪치면서 서로의 문제와 상이함을 이해하고 공감하고 사랑하는 것인데, 이러한 직면을 두려워하고 싫어하는 현대인들이 상처받지 않고 다른 사람과 관계하는 사이버 공간이 SNS일 것입니다.

물론 SNS가 긍정적인 영향을 주는 경우도 많습니다. 그렇지만 현재 SNS는 인류 역사 이래 이제껏 없었던 새로운 세상을 만들어가고 있으며, 공중 권세 잡은 자가 인간의 집단 무의식을 가장 광범위하게 그리고 일정한 방향으로 이끌어가는 것 같습니다.

한편 SNS는 정보와 지식 공유 외에도 서로의 삶과 행복을 나타내고 경쟁하는 장이 되어버렸습니다. 멋진 레스토랑에서의 식사, 소문난 맛집 여행, 멋있는 애인 혹은 배우자, 아름다운 만남, 호화스러운 집, 비싼 명품들의 진열, 시도 때도 없는 해외여행 사진 등이 수도 없이 올라옵니다. 이런 사진들로 '나 봤지? 나 이렇게 살아', '너는 이런 것 해봤어?', '이런 정도는 되어야 해', '이런 것 먹어봤어?', '나는 위너(winner)고 너는 루저(loser)야', '내가 어떤 사람인지 알아야 해' 같은 메시지를 쉴 새 없이 전하고 있습니다.

이렇게 글과 사진을 올린 사람들은 '좋아요'나 '댓글'을 자신의 존재를 나타내는 척도처럼 여깁니다. 수시로 SNS를 들락날락하며 타인의 반응에 일희일비하게 됩니다. 이런 과정이 반복되면서 더 자극적이고 좋은 것을 올리려고 애쓰게 되고, 그렇지 못할 때는 공허함과 피로감이 커지고 우울해집니다. 카페인 중독이 만든 '카페인 우울증' 현상입니다.

반대로 다른 사람들이 올린 SNS의 글이나 사진, 동영상을 보면서 자신도 모르는 사이에 비교의식과 상대적 박탈감 등으로 자기비하와 같은 부정적 심리와 더불어 불행을 느끼는 사람들도 적지 않습니다. 이러한 현상들 또한 '카페인 우울증'이라고 합니다. 실제로 SNS를 많이 사용하는 사람일수록 우울증을 겪을 확률이 높다고 합니다. 미국 피츠버그대학의 설문조사에 따르면 SNS를 하루에 1시간 이상 사용하는 사람은 그렇지 않은 사람에 비해서 우울증을 겪을 확률이 1.7배나 높다고 합니다.

우리는 남과 비교하며 더 잘살기 위해서 존재하는 것이 아닙니다. 우리는 70억 인구 중에서 하나님께서 나에게만 주신 삶을 발견하고, 그 삶을 풍성하게 살아야 합니다. 그일을 잘하도록 하나님께서 은사와 달란트를 주셨습니다. 우리는 그 은사와 달란트를 날마다 개발하며 즐거움을 누려야 합니다. 그리고 그것을 다른 사람과 나눔으로써 나의 부족함을 채우는 법도 배워야 합니다.

오늘 당장 카페인이 든 커피를 한 잔 마시며 SNS를 어떻게 할 것인가를 생각해보십시오.

내 사랑하는 형제들아 속지 말라 온갖 좋은 은사와 온전한 선물이 다 위로부터 빛들의 아버지께로부터 내려오나니 그는 변함도 없으시고 회전하는 그림자도 없으시니라 약 1:16,17

매일 자신의 마음판에
그리는 그림을
확인하지 않는 인생은
마귀에게 내어준 삶입니다.
왜냐하면 심은 대로 거두는 것이
인생이기 때문입니다.

1 하루에 몇 번이나 SNS를 보고 참여합니까?

2 SNS에서 어떤 영향을 받고, 무슨 느낌을 받고 있는지를 점검해보십시오.

49

이 세상에서 어떻게
행복을 찾을 수 있을까요?

죽기 전에 죽어라

주님! 이 세상에서 진정한 행복을 찾을 수 있을까요?
그리고 행복한 삶을 살 수 있을까요?

이는 마치 이방인들이 이 땅에서 '샹그릴라에 갈 수 있을까
요?'나 '그 지상낙원의 삶을 누릴 수 있을까요?'라고 질문
하는 것처럼 여겨집니다. 사람들은 세상을 초월하기 원하
지만 그것이 불가능하다고 믿기 때문에 실제 삶은 세상에
서 행복을 찾고 있습니다.

　"어디에서 행복을 찾을 수 있을까요?"는 달리 말하면
"행복을 주는 세상의 중심지는 어디일까요?"와 같은 질문
입니다. 모든 것의 근원이 되며, 영원히 변하지 않으며, 고
통과 환난이 없고 항상 행복을 주는 곳 말입니다. 우리 모
두 그곳에 가고 싶어 합니다. 그리고 그곳에 살면서 그곳

사람들과 어울려 살고 싶어 합니다. 나아가 자신을 알리고 싶어 합니다.

그렇다면 행복을 주는 세상의 중심지는 문화의 중심지일까요? 뉴욕이나 런던, 아니면 서울일까요? 사람들은 문화의 중심지로 모이기를 원합니다. 그리고 그곳에서 일어나는 일들에 참여하고 나누고 싶어 합니다. 그렇지만 역사를 보면 문화는 계속 변해왔습니다. 쉬운 예로, 작년에는 세련돼 보여서 잘 입었던 옷도 지금은 촌스럽게 보여 입을 수 없게 됩니다. 따라서 문화의 중심지가 행복을 주는 곳이라고 볼 수는 없을 것입니다.

행복을 주는 세상의 중심지는 정치의 중심지일까요? 워싱턴 D.C.일까요, 아니면 북경일까요? 세상을 이끌어가는 대통령이 있는 곳이 세상의 중심일까요? 수많은 사람이 그곳이 세상의 중심인 줄 알고 몰려듭니다. 그렇지만 그곳은 서로 물고 물리는 곳일 뿐입니다. 그곳의 중심에 서려고 하지만, 그 권력도 오래가지 못한다는 것을 우리는 이미 다 알고 있습니다.

행복을 주는 세상의 중심은 경제의 중심지일까요? 오늘날 세상은 금융이 지배한다 해도 과언이 아닙니다. 수많은 사람이 금융계에 몰려들어 일확천금을 누리고자 하지만, 맘몬에 묶여 자신을 팔고 파멸하는 모습을 수없이 보게 됩니다. 그곳도 행복을 주는 곳이 아닌 것이 분명합니다.

그렇다면 도대체 행복을 주는 세상의 중심지는 어딜까요? 어디에서도 진정한 행복을 찾을 수 없을 것 같습니다. 깊이 생각해보십시오. 내가 없으면 세상도 없는 것 아닐까요? 그렇다면 영원한 행복을 주는 세상의 중심지는 '그곳이 어디일까'라고 생각하는 내가 아닐까요? 우리가 그렇게도 찾아 헤매고 가고 싶어 하던 곳이 바로 나 아닌가요? 결국은 내 마음이 영원한 행복을 주는 세상의 중심지입니다.

그렇지만 조금만 더 깊이 생각해봅시다. 내가 정말 세상의 중심지일까요? 그렇다면 나는 영원히 변하지 않고 항상 행복해야 하는데 정말 그런가요? 내 마음은 늘 기쁘고, 슬프고, 외롭고, 분노하고, 다시 슬퍼하며 요동하고 있습니다. 그렇다면 이 역시 허상일 뿐 영원한 중심지일 수는 없습니다. 우리는 우리 자아가 만들어낸 인식 속에서 세상을 보고 느끼고 생각할 뿐, 그 세상을 있는 그대로 보지도 못하고, 그 인식조차도 제한되어 있으며, 늘 변한다는 것을 알아야 합니다.

그렇다면 또한 이러한 사실을 인식하는 나는 도대체 누구일까요? 메타인지(meta-cognition: 나의 존재를 의식하는 의식)의 근원은 무엇일까요?

우리의 생각을 모아보면 적어도 행복을 주는 세상의 중심지는 내 생각과 상관없는 곳이어야 하고 변함이 없는 영원한 곳이어야 한다는 결론에 도달하게 됩니다. 그렇다면 진정한 세상의 중심지는 바로 '나 자신을 부인한 곳'일 수밖에 없습니다. 생각하면 할수록 가기는 힘든 곳이라는 생각이 듭니다. 왜냐하면 나 자신을 포기해야 갈 수 있는 곳이기 때문입니다.

또 죽기를 무서워하므로 한평생 매여 종노릇하는 모든 자들을 놓아주려 하심이니 히 2:15

진정한 행복을 주는 세상의 중심지는 현실의 물리적 세상의 중심으로부터 가장 먼 곳입니다. 그리고 그곳은 외로운 곳이고, 황량한 곳이고, 한적한 곳이며, 아무도 알아주지 않는 곳처럼 느껴집니다. 마치 영혼의 어두운 곳처럼 여겨집니다. 그러나 그곳을 지나면 영원한 생명의 빛이 있습니다.

예수님이 성령 충만을 받으신 후 성령에 이끌리어 왜 광야로 가셨는지를 생각해보십시오. 육신의 죽음 전에 먼저 죽기 위해서 가신 것입니다. 자신을 포기하는 것이 무엇인지를 체험하기 위해서 말입니다.

이에 예수께서 제자들에게 이르시되 누구든지 나를 따라오려거든 자기를 부인하고 자기 십자가를 지고 나를 따를 것이니라 누구든지 제 목숨을 구원하고자 하면 잃을 것이요 누구든지 나를 위하여 제 목숨을 잃으면 찾으리라
마 16:24,25

이방인들이 이 세상에서 추구하는 '샹그릴라'는 티베트어로 '마음의 해와 달'이라는 의미입니다. 마음의 해와 달은 오직 길이요 진리요 생명이신 예수 그리스도를 통해서만 갈 수 있는 곳입니다. 그곳은 죽기 전에 죽어야 가볼 수 있는 곳입니다. 그곳은 바로 우리의 심령에 찾아오신 하나님의 영광의 임재 안입니다. 바로 그곳에서 영원히 현존하

세상에서 행복을 찾지 말고
자기를 부인하고 자기 십자가를 짊으로
내 안에 계신 하나님 안에서
영원한 행복을 누립시다.

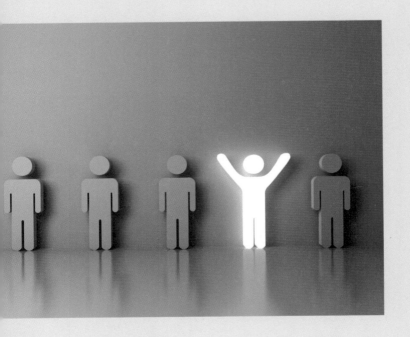

는 하나님의 사랑을 맛볼 수 있습니다. 그곳에서 하나님께
서 주시는 영원한 행복을 누립시다.

이는 너희가 죽었고 너희 생명이 그리스도와 함께 하나
님 안에 감추어졌음이라 골 3:3

 적용

1 사는 데 지쳤습니까? 더 이상 세상에서 행복을 찾지 말고,
행복이 있는 곳에서 찾으십시오.

2 그곳은 바로 예수 그리스도 안에서 죽기 전에 죽음을 경
험한 자만이 가볼 수 있는 하나님 영광의 임재 안입니다.

50

교회와 세상에서
어떻게 균형을 잡아야 할까요?

일터는 교회 밖의 교회이다

주님! 교회를 열심히 섬기고자 하니 직장에서 눈치가 보이고,
그렇다고 해서 교회 행사나 모임을 자주 빠지자니
믿음이 없어지고 올바른 신앙생활을
하지 못하는 것처럼 느껴집니다.
제가 어떻게 처신해야 합니까?

이 세상에는 주일 예배당에 모이는 성도들의 '모이는 교회',
그리고 세상으로 흩어져서 자신의 직업에 종사하는 성도
들의 '흩어진 교회'라는 두 가지 교회가 존재합니다. 과거
에는 '모이는 교회' 중심으로 신앙생활을 잘하고 교회에 열
심히 충성으로 봉사하면서 하나님의 일을 이루고자 애써
왔습니다. 그 결과 교회는 부흥을 위해서 지속적으로 노
력해왔지만, 그 영향력은 교회 내에 국한되어 있을 뿐 사회
전반에는 별다른 영향을 끼치지 못한 것도 사실입니다.

오늘날 많은 신앙인이 주일에 은혜 받고 한 주 동안 잘 살아야겠다고 다짐합니다. 그리고 평일에 믿지 않는 사람들이 수두룩한 직장, 학교 등지로 흩어집니다. 그런데 주일에 그렇게 은혜 받았다는 우리의 삶은 어떤가요? 불신자들과 동일한 방법, 수단, 태도를 가지고 살기가 십상입니다.

교회에 다니는 분들이 사회에서 도덕적으로 윤리적으로 타락한 것을 들을 때마다 억장이 무너지고 마음이 아려오지만, 그것이 우리의 현실이고 바로 우리의 자화상이라는 생각을 지워버릴 수가 없습니다. 우리가 변해야 하지만, 교회 일을 열심히 한다고 우리가 변화되는 것은 아닙니다. 우리 각자가 하나님의 영에 인도함을 받는 삶을 체험해야 합니다. 그리고 교회의 일만 거룩하고 세상에서 하는 일은 세속적이라는 이원론적인 생각도 바꾸어야 합니다.

우리가 정말 회복해야 할 것은 예수 그리스도 안에서 우리에게 주신 소명을 알고 그것을 삶으로 보여주는 것입니다. 우리는 교회를 통해서 신앙생활을 하지만, 교회 자체가 신앙의 목적이 되어서는 안 됩니다. 우리는 교회를 통해서 이 세상에서 하나님의 영광을 드러내고 하나님나라의 삶을 사는 것을 배워야 하고, 그 삶을 실제 일터와 삶터에서 나타내야 합니다.

우리는 교회를 세상을 변화시키는 전초기지로 만드는 데 헌신하는 동시에 세상의 일터를 하나님나라로 만드는 자가 되어야 합니다. '우리의 평범한 일상에 어떻게 하면 예수 그리스도의 성품과 권능이 나타나시도록 할까?'에 온 마음을 집중하는 하나님의 자녀가 되어야 합니다.

우리의 일터와 삶터에서 인간이 할 수 있는 최선의 능력을 증명하려는 자가 아니라, 인간의 능력 이상의 것, 즉 하나님의 은혜를 보여주기에 힘쓰는 자가 되어야 합니다. 전도는 믿지 않는 자들에게 성경 말씀이나 예수 그리스도에 대한 지식을 소개하는 것이 아니라, 먼저 예수님이 전하신 하나님나라 복음의 실체를 우리 삶으로 보여주는 것입니다. 그리고 불신자들이 우리의 삶에 관심을 가질 때 오직 예수 그리스도만이 그 좋은 소식을 누릴 수 있게 해주시는 유일한 분임을 전해야 합니다.

우리의 일터는 교회 밖의 교회입니다. 그곳엔 하나님이 우리에게 맡기신 강단도 있습니다. 그리고 주님은 그곳에서 매 순간 새로운 설교를 하도록 기회를 주십니다. 그리고 그 설교대로 사는 것을 경험하게 하십니다.

이는 우리 복음이 너희에게 말로만 이른 것이 아니라 또한 능력과 성령과 큰 확신으로 된 것임이라 우리가 너희 가운데서 너희를 위하여 어떤 사람이 된 것은 너희가 아는 바와 같으니라 **살전 1:5**

1 당신은 주의 자녀로서 이 땅에 주의 통치를 이루는 '킹덤 빌더'입니다.

2 업무를 보는 것이 아니라, 주님을 나타내는 것이라고 생각하고 일하십시오.

당신의 직업은 주님이 주신 소명이고,
당신의 일터는 주님이 주신 사역지이며,
당신이 하는 일은 주님을 나타내는 수단입니다.

언제나! 어디서나! 누구나!
헤븐리터치 홈페이지에서
킹덤 라이프를 경험하세요

kbm.heavenlytouch.kr

3개월 이전호까지는 로그인 없이 무료로 보실 수 있으며,
HTM 파트너 회원 인증시 최신호까지 구독 가능합니다.

킹덤빌더 라이브러리 서비스

킹덤빌더
매거진
e-book

하나님의 하루
말씀묵상

하나님의 하루
영상 메세지

하나님의 하루
찬양

치유간증

Follow us !

이제 어디서든지
헤븐리터치를
만나실 수 있습니다

f 페이스북
Facebook.com/htm0691

⊙ 인스타그램
@htm_ministry @htm_worship @htm_message

▶ 유튜브
Youtube.com/c/htm0691

TALK 카카오톡
plus.kakao.com/home/@헤븐리터치파트너

▶ 네이버 TV
tv.naver.com/htm

하나님의 하루

초판 1쇄 발행	2017년 12월 11일
초판 9쇄 발행	2025년 5월 8일

지은이	손기철

펴낸이	여진구		
책임편집	이영주		
편집	박소영 최현수 구주은 안수경 김도연 김아진 정아혜		
책임디자인	마영애 노지현 조은혜 정은혜 남은진		
홍보 · 외서	진효지		
마케팅	김상순 강성민	마케팅지원	최영배 정나영
제작	조영석 허병용	경영지원	김혜경 김경희

303비전성경암송학교 유니게 과정
이슬비전도학교 / 303비전성경암송학교 / 303비전꿈나무장학회

펴낸곳	규장

주소 06770 서울시 서초구 매헌로 16길 20(양재2동) 규장선교센터
전화 02)578-0003 팩스 02)578-7332
이메일 kyujang0691@gmail.com
페이스북 facebook.com/kyujangbook
카카오스토리 story.kakao.com/kyujangbook
등록번호 1922-2461
since 1978.08.14

홈페이지 www.kyujang.com
인스타그램 instagram.com/kyujang_com

ⓒ 저자와의 협약 아래 인지는 생략되었습니다.
이 출판물은 저작권법에 의해 보호를 받는 저작물이므로 무단 전재와 무단 복제를 할 수 없습니다.

책값 뒤표지에 있습니다.
ISBN 978-89-6097-518-7 03230

규 | 장 | 수 | 칙

1. 기도로 기획하고 기도로 제작한다.
2. 오직 그리스도의 성품을 사모하는 독자가 원하고 필요로 하는 책만을 출판한다.
3. 한 활자 한 문장에 온 정성을 쏟는다.
4. 성실과 정확을 생명으로 삼고 일한다.
5. 긍정적이며 적극적인 신앙과 신행일치에의 안내자의 사명을 다한다.
6. 충고와 조언을 항상 감사로 경청한다.
7. 지상목표는 문서선교에 있다.

하나님을 사랑하는 자 곧 그의 뜻대로 부르심을 입은 자들에게는 모든 것이 合力하여 善을 이루느니라(롬 8:28)

규장은 문서를 통해 복음전파와 신앙교육에 주력하는 국제적 출판사들의 협의체인 복음주의출판협회(E.C.P.A:Evangelical Christian Publishers Association)의 출판정신에 동참하는 회원(Associate Member)입니다.